밝힐 수 없는 공동체 ─ 마주한 공동체

La Communauté inavouable | La Communauté affrontée

우리 시대의 고전 18

밝힐 수 없는 공동체 ― 마주한 공동체

La Communauté inavouable | La Communauté affrontée

모리스 블랑쇼 | 장―뤽 낭시 지음   박준상 옮김

문 학 과 지 성 사
2 0 0 5

지은이 **모리스 블랑쇼**Maurice Blanchot(1907~2003)
1907년 프랑스 켕 출생. 젊은 시절 몇 년간 저널리스트로 활동한 것 이외에는 평생 동안 모든 공식적 활동으로부터 물러나 글쓰기에 전념하였다. 작가이자 사상가로서 철학·문학비평·소설의 영역에서 방대한 양의 글을 남겼다. 문학의 영역에서 블랑쇼는 말라르메를 전후로 하는 거의 모든 전위적 문학의 흐름에 대해 깊고 독창적인 성찰을 보여주었고, 또한 후기에는 철학적 시론과 픽션의 경계를 뛰어넘는 독특한 스타일의 문학작품을 창조했다. 철학의 영역에서 그는 존재의 한계·부재에 대한 급진적 사유를 대변하고 있으며 한 세대 이후의 사상가들(데리다·푸코·들뢰즈·낭시·라쿠-라바르트 등)에게 큰 영향을 주는 동시에 그들과 적지 않은 점에서 여러 문제들을 공유하였다.
2003년 2월 20일 이블린에서 사망한 이후, 같은 해 3월 말 그에 대한 국제세미나가 열렸으며, 파리의 퐁피두센터는 2004년 1월부터 6월까지 그를 추모하기 위한 여러 회합을 마련하였다.
주요 저서로『토마 알 수 없는 자』『사형선고』『원하던 순간에』『문학의 공간』『미래의 책』『무한한 대화』『우정』『저 너머로의 발걸음』『카오스의 글쓰기』『나의 죽음의 순간』등이 있다.

지은이 **장-뤽 낭시**Jean-Luc Nancy(1940~)
1940년 프랑스 코데랑 출생. 프랑스 스트라스부르 대학교 철학과에서 철학·미학 담당 교수로서 오랫동안 가르치다 은퇴했다. 낭시는 독일 낭만주의, 니체·헤겔·하이데거의 철학과 라캉의 사상을 재해석하는 동시에, 정치철학과 미학, 예술이론 분야에서 독창적인 사유를 전개했다. 특히 그는 교조주의적 마르크스주의의 몰락 이후에 가능한 공산주의와 공동체의 문제를 다시 제기하는 것을 자신의 주요한 과제로 삼았다. 프랑스에서 현재 가장 영향력 있는 철학자들 중 한 사람으로 주목받고 있으며, 그의 저작들이 세계적으로 번역되면서 그에 대한 연구가 점차 활발해지고 있다.
주요 저서로『문자의 지위』(필립 라쿠-라바르트와 공저),『목소리의 나눔』『철학의 망각』『자유의 경험』『사유의 무게』『세계의 의미』『복수적 단수의 존재』『이미지 속 깊은 곳에서』등이 있다.

옮긴이 **박준상**
프랑스 파리 8대학 철학과에서 박사학위를 받고, 현재 숭실대학교 철학과 교수로 재직 중이다.
저서로『빈 중심―예술과 타자에 대하여』『바깥에서―모리스 블랑쇼의 문학과 철학』이 있다. 논문으로 「어떤 공동체를 위한 '그 누구'인가의 목소리: 모리스 블랑쇼에 비추어 본 작품과 소통」(박사논문), 「타자: 공동의 몸」「에로스의 말」등이 있다.

우리 시대의 고전 18
밝힐 수 없는 공동체 | 마주한 공동체

제1판 제1쇄 2005년 11월 25일
제1판 제8쇄 2024년 2월 13일

지은이 모리스 블랑쇼·장-뤽 낭시
옮긴이 박준상
펴낸이 이광호
펴낸곳 ㈜**문학과지성사**
등록번호 제1993-000098호
주소 04034 서울 마포구 잔다리로7길 18(서교동 377-20)
전화 02)338-7224
팩스 02)323-4180(편집) 02)338-7221(영업)
전자우편 moonji@moonji.com
홈페이지 www.moonji.com

ISBN 89-320-1651-8

차례

일러두기

1. 이 책은 다음 4가지 텍스트의 완역이다.

    Maurice Blanchot, *La Communauté inavouable*, Paris, Minuit, 1983.

    Jean-Luc Nancy, *La Communauté affrontée*, Paris, Galilée, 2001.

    Jacques Derrida, "Un Témoin de toujours," *Libération*, 2003.

    Jean-Luc Nancy, "Hommage à l'homme Blanchot," *Libération*, 2003.

2. 옮긴이의 주일 경우 주 뒤에 (옮긴이)로 표시했다.

3. 원서의 《　》표시의 경우, 인용문은 "　"로, 강조된 부분은 '　'로 표기했다

4. 문맥상 옮긴이의 추가 설명이 필요한 경우에 〔　〕로 표시했다.

옮긴이 서문

이 책에는 1983년부터 2003년까지 20년간 이어졌던 대화의 기록이 담겨 있다. 대화의 주인공들은 장-뤽 낭시와 모리스 블랑쇼이고, 거기에 부분적으로 자크 데리다가 참여하고 있다.

서로 다른 이 세 명의 사상가들을 여기 한자리에 함께 불러 모은 이유가 있다. 첫째는 그들 모두가 '만남'에 대해 말하고 있기 때문이고, 둘째는 그들이 함께 '그들 자신의 만남'에 대해 이야기하고 있기 때문이다. 그러나 어떤 경우라도 문제가 되는 것은 개인들, 나아가 '비범한' 개인들의 만남이 아니라, '너'와 '나' 그리고 제삼자가 속해 있고 어느 누구나 속해 있을 수 있는 익명적 "우리"의 만남이다. 이 책에는 4개의 텍스트가 실려 있다. 그러나 모든 경우에 자아(그 자아가 개인적 자아이든 집단적 자아이든 중요치 않다)만이 되기를, 즉 이름과 위치와 신분에 따라 동일자만으로 남기를 강요하고 그에 따라 전체화되어가는 이 체제 내에서의, 또는 그 바깥에서의 또 다른 만남의 가능성을 암시하고 있다. 4개의 텍스트가 씌어지게 된 배경과 담고 있는 간략한 내용은 다음과 같다.

첫번째 텍스트인 블랑쇼의 『밝힐 수 없는 공동체』(1983)는 같은 해에 발표된 낭시의 논문 「무위(無爲)의 공동체」에 대한 응답으로 씌어졌다. 이 텍스트는 「무위의 공동체」에서 논의된 소통 · 공동체 · 죽음 · 에로티시즘과 같은 주제들을 다른 관점에서 다시 조명하고 있다.

두번째 텍스트인 낭시의 『마주한 공동체』(2001)는 『밝힐 수 없는 공동체』가 씌어지고 나서 18년 후에 발표되었다. 이 텍스트는 낭시의 블랑쇼에 대한 재응답이며 보다 넓은 정치적 관점을 배경으로 삼고 있다.

세번째 텍스트인 데리다의 「영원한 증인」은 2003년 2월 24일, 블랑쇼 사망 4일 후에 거행된 장례식에서 데리다가 낭독한 추도문이다. 이 텍스트에서 데리다는 블랑쇼의 삶과 사상에 대해, 또한 블랑쇼와 낭시와의 만남에 대해 '증언'하고 있다.

네번째 텍스트인 낭시의 「인간 블랑쇼에게 표하는 경의」는 일간지 『리베라시옹』 2003년 3월 5일자에 실렸다. 이 텍스트는 데리다의 「영원한 증인」과 마찬가지로 사라진 작가·사상가를 기리기 위한 글이며, 매우 명료하고 압축적으로 그의 삶과 죽음뿐만 아니라 그의 사상이 갖는 의미를 밝혀주고 있다.

블랑쇼의 죽음으로 그와 데리다·낭시 사이의 대화는 '현실적'으로는 중단되었다. 그러나 그 대화는 익명의 '우리' 사이에서 '실질적'으로 계속 이어져가리라 믿는다.

문학과지성사 편집부 여러분들을 비롯해 성함을 거론하기 송구스러운 많은 분들의 도움으로 이 번역을 마칠 수 있었다. 이 자리를 빌려 진심으로 감사의 말씀을 드린다. 그 모든 분들께 감사의 인사를 드리는 것이 이후에 역자 개인의 몫으로 남아 있다.

2005년 11월
박준상

* 몇몇 역어의 오류들을 수정했고, 몇몇 표현들을 바꾸었으나 전체적인 틀과 쪽수는 그대로 유지하였다(2010년 5월 옮긴이).

밝힐 수 없는 공동체

모리스 블랑쇼

I. 부정(否定)의 공동체

"어떤 공동체도 이루지 못한 자들의 공동체." G. B.[1]

장-뤽 낭시Jean-Luc Nancy의 중요한 텍스트[2]에 입각해, 나는 결코 중단된 적이 없는 하나의 생각을 다시 붙들어보려고 한다. 그 생각은 공산주의의 요구 가운데에서, 공동체에 대한 이해(그러나 공동체란 이해 바깥에 있지 않은가)마저 사라져버린 시대에 그 요구에 관련된 공동체의 가능성 또는 불가능성이라는 물음 가운데에서 이따금 표현되어왔다. 그러나 그 생각은, **공산주의** communisme[3] · **공동체**communauté 같은 말들이 어떤 형태로든 전체 · 그룹 · 위원회 · 집단에 속해 있다고 생각할 사람들에게(설사 그들이 거기에 속하기를 거부한다 하더라도) **공통된** 것과는 완전히 다른 것을 나타낸다고 본다면,[4] 결국 그 말들이 갖고

---

1 G. B. : 조르주 바타유Georges Bataille를 가리킨다(옮긴이).

2 잡지『알레아Aléa』4호(1983)에 실린 낭시의 논문,「무위(無爲)의 공동체La communauté désœuvrée」를 말한다. 이 논문은 같은 제목 하에 그의 다른 논문들과 함께 단행본으로 출간되었다. Jean-Luc Nancy, *La communauté désœuvrée*, Paris, Christian Bourgois, 1986, 1990(옮긴이).

3 『밝힐 수 없는 공동체』뿐만 아니라『마주한 공동체』에서도 핵심적 용어들 중의 하나인 'communisme'의 번역어를 택하는 것이 쉬운 일은 아니었다. 그러나 결국 그 번역어로 "공산주의"를 선택했다. 왜냐하면 여기서 문제되는 것이 결국 '공산주의'라는 일반적 의미를 교정하는 데에 있다고 보았기 때문이다. 하지만 여기서 '공산주의'라는 말은 20세기 소비에트에서 시작되어 전 세계에서 지배적 영향력을 행사했던 정치적 · 경제적 이데올로기인 공산주의와는 다른 맥락에서 쓰이고 있고, 그와 자주 대립된다. 이는 논의가 이어지는 데에 따라 분명히 밝혀지게 될 것이다(옮긴이).

4 Jean-Luc Nancy, "La communauté désœuvrée," *Aléa*, 4.

있는 것처럼 보이는 언어적 결함 가운데에서 다만 간간이 표출되어왔을 뿐이다.

공산주의 · 공동체

공산주의 · 공동체. 우리는 이 용어들을 역사의 거대한 오류들에 따라 몰락 그 너머에 이르기까지 진행된 재난의 밑바닥으로부터 이해하고 있다. 그러한 한에서 이 용어들은 분명 어떤 용어들이기는 하다. 불명예스러운 또는 변절(變節)한 개념이란 존재하지 않는다. 그러나 적절하거나 부적절하게 **버려야만**(여기서 버리는 것은 단순히 반대하는 것과는 다르다) '적합한 것이 되는' 개념들이 있다. 우리가 공산주의 · 공동체라는 용어들을 조용히 거부하거나 인정하지 않는 이유가 바로 거기에 있다. 우리가 원하는 것이 무엇이든지 간에, 우리는 이 용어들이 우리를 배신했기 때문에 그것들에 묶여 있는 것이다. 이렇게 쓰면서 나는 우리들 중 대다수가 받아들일 수 있을 에드가 모랭Edgar Morin의 다음과 같은 문장을 읽어본다. "공산주의는 나의 삶에서 중대한 문제이고 원초적인 경험이다. 나는 공산주의가 표현하는 열망들 가운데 끊임없이 내 자신을 발견하였고, 나는 항상 다른 사회와 다른 인간성의 가능성에 대한 신뢰를 갖고 있다."[5]

이러한 단순한 단정은 순진한 것으로 보일 수 있지만, 직설적으로 주어진 것이며 우리가 벗어날 수 없는 것에 대해 말해준다. 왜 그러한가? 그러한 [다른 사회의, 다른 인간성의] 가능성, 어찌

---

5 잡지, *Le scrabée internationale* 3호 참조.

됐든 언제나 그 불가능성에 빠져드는 가능성은 도대체 무엇인가?

만일 공산주의가 평등을 그 기반으로 삼고 있기에 모든 인간들의 욕구들이 **평등하게** 만족되어야만(그러한 요구는 최소한의 것이다) 공동체가 있을 수 있다는 것을 의미한다면, 공산주의는 완전한 사회가 아니라 본질적으로 그 자체 홀로 생겨날 수 있는 어떤 투명한(장-뤽 낭시가 말하고 있듯이) '내재적인' 인간성의 원리를 가정하고 있는 셈이다. 인간에 대한 인간의 내재성, 그것은 또한 인간을 절대적으로 내재적인 존재로 규정한다. 왜냐하면 그것은 전적으로 과제가, 그 자신의 과제가, 나아가 결국 **모든 것**의 과제가 될 수 있게끔 존재하거나 생성해야만 하는 인간을 말하고 있기 때문이다. 헤르더Herder는 인간에 의해 만들어지지 않은 것은 아무것도 없다고 말했다. 인간성에서 자연까지 그리고 신(神)까지, 결국 남김없이. 거기에 겉으로 보아 온전할 뿐 가장 병적인 전체주의의 기원이 있다.

인간이 순수한 개체적 실재로 자신을 정립하는 데 방해가 되는 모든 것이 사라질 때, 절대적 내재성에 대한 요구가 정당화된다. 스스로 자기 고유의 자기 동일성과 자기 결정력을 갖고 있다고 여기기 때문에 인간은 순수한 개체적 실재로 스스로를 정립할 수 있다고 자신하는 것이다. 그러나 그 순수한 개체적 실재라는 것은 모든 사람에게 개방되어 있다고 여겨지기에 더 폐쇄적인 것이다. 개인은 양도할 수 없는 자신의 권리를 갖고 자신 이외의 다른 기원을 갖기를 거부할 것이다. 개인은 자신과 동등한 개체가 아닌 타자에게 이론적으로 의존하고 있음에 무관심한 채 스스로를 긍정할 것이다. 개인은 과거에서든 미래에서든 무한정 반복해서 정립된 자신이다. 개인은 죽음을 피할 수 없는 존재이자 불사(不死)의 존재이다. 다시 말해 개인은 스스로 소외되지 않으면서 존속할 수 없다는 불가능성과 마주하고 있기에 죽음에 맞닿아 있는 반면, 그의 개체성이 그 자체 끝없는 내재적 삶이기에 죽을 수 없는 것이다(그에 따라, 슈티르너Stirner적 인간 또는 사드Sade적 인간, 즉 자신의 몇몇 원리들에 종속되어 있는 이러한 인간들에게 반론을 제기할 수 없게 된다).

공동체에의 요구: 조르주 바타유

반혁명주의의 가장 단호한 지지자들(드 메스트르[6]와 그외 몇몇)과 마르크스 또한 공산주의와 개인주의 사이에 상호성이 있음을 지적했다. 우리는 더 나아가 상호성이란 개념 자체를 의문에 부친다. 만일 인간과 인간의 관계가 더 이상 동일자와 동일자의 〔상호적〕 관계가 아니게 되고, 타자가 자신의 자기 동일성과 그를 고려하는 자와의 반대칭성dissymétrie으로 인해 어디에도 귀속시킬 수 없는 자로 나타난다면, 완전히 다른 관계가 주어질 것이다. 또한 이 완전히 다른 관계는 우리가 거의 '공동체'라고 부를 수 없을 완전히 다른 사회를 불가피하게 만들 것이다. 우리는 공동체에 대한 사유에서 진정 문제가 되는 것이 무엇인가라고, 그리고 공동체는 그것이 존재했든지 아니든지 결국 항상 공동체의 **부재**로 나타나지 않는가라고 자문하면서 그 완전히 다른 형태의 사회를 '공동체'라고 부를 것이다. 바타유는 공동체에 대한

---

6 조젭 드 메스트르Joseph de Maistre(1753~1821): 프랑스의 작가, 정치가. 그는 프랑스 대혁명에 단호한 반대의 입장을 취했으며 군주제와 교황의 권위를 옹호했다. 저서로 『프랑스에 대한 고찰 Considérations sur la France』(1796), 『교황에 대하여 Du pape』(1819) 등이 있다(옮긴이).

요구를 10년 동안 사유와 현실에서 실현시키고자 한 후에, 혼자가 아닌 자신을 발견하면서(그러나 어쨌든 혼자, 하지만 공유된 고독 속에서) 정확히 그러한 생각에 도달했다. 그러나 바타유는 항상 공동체의 부재absence de communauté로 전환되게끔 되어 있는 부재의 공동체communauté d'absence에 내맡겨져 있었다. "완벽하게 규칙에서 벗어난다는 것(한도의 부재에 자신을 내어 맡긴다는 것), 그것이 공동체의 부재라는 규칙이다." 또는 "나의 **공동체의 부재**mon absence de communauté에 속하지 않음을 어느 누구에게도 허락할 수 없다"(잡지『예상을 뒤엎고*Contre toute attente*』에서 따온 인용). 여기서 소유대명사 '나의mon'가 가져오는 패러독스에 대해 한번 생각해보자. 공동체의 부재라는 것이 '나의 것'이 아닐진대, 그것이 어떻게 나의 것으로 남아 있을 수 있는가? 공동체의 부재가 나의 것이라는 말은 마치 내 것의 가능성과 나아가 모든 사유화(私有化)의 가능성을 파괴하는 동시에 어느 누구도 소유할 수 없는 **나의** 죽음이 **나의** 것이기를 요구하는 것과 같지 않은가?

장-뤽 낭시는 바타유를 "공동체의 근대적 운명에 대한 결정적 체험에 있어서 의심할 바 없이 가장 멀리 나아가보았었던 사람"으로 본다. 하지만 나는 여기서 더 이상 낭시의 연구에 대해 재론하지 않을 것이다. 텍스트 인용은 사유의 과정을 변형시키고 전도시키며, 그에 따라 모든 반복은 사유의 과정을 단순화시키면서 불분명하게 드러내기 마련이다. 바타유는 자신에게 충실할 수 없었다. 즉 바타유는 자신으로 남아 있기는 했지만 끊임없이 타자가 될 수밖에 없는 필연적 변화를 겪을 수밖에 없었다. 또한 그 필연적 변화에 따라 그는 역사의 변천들과 반복 불가능하기에 고갈된 체험들에 응답해야 한다는 또 다른 요구를 끊임없이 개진

할 수밖에 없었다. 이를 받아들이지 못한다면, 우리는 그의 사유를 충실히 따라갈 수 없다. 그 사실을 잊어서는 안 된다. 바타유에게 (대략) 1930년에서 1940년까지 '공동체'라는 말은 이후의 시기에 비해 보다 중대성을 띠고 성찰의 과제로 부과되었다. 하지만 『저주의 몫*La part maudite*』과 그 이후『에로티즘*L'érotisme*』[7](여기서는 하나의 소통의 형태가 특별히 중요하게 다루어진다)에서 공동체의 문제와 별개가 아닌 유사한 주제들이 이어진다(또 다른 작품들, 미완성의 『최고 주권*La souveraineté*』과 『종교의 이론*La théorie de la religion*』[8]에서도 마찬가지이다). 정치적 요구가 그의 사유에서 없었던 적이 한 번도 없었다고, 하지만 그것이 내적 또는 외적 절박성에 따라 다른 형태로 나타났다고 우리는 말할 수 있다. 그 사실을『죄인*Le coupable*』은 에두름 없이 말하고 있다. 전쟁의 중압감 아래에서 쓴다는 것, 그것은 전쟁에 대해 쓴다는 것은 아니며, 마치 전쟁을 침대를 같이하는 여자친구인 것처럼 여기면서(그러나 그녀가 당신에게 약간의 자리를, 자유의 여백을 남겨준다는 전제 하에) 전쟁이라는 지평 내에서 쓴다는 것이다.

왜 "공동체"인가?

왜 '공동체'의 이러한 부름 또는 '공동체'로의 이러한 부름이 필요한가? 나는 먼저 우리의 역사를 이루었던 것들을 되는대로

---

7 조르주 바타유, 『저주의 몫』, 조한경 옮김, 문학동네, 2000. 조르주 바타유, 『에로티즘』, 조한경 옮김, 민음사, 1989(옮긴이).

8 이 책은 "어떻게 인간적 상황을 벗어날 것인가"라는 제목으로 번역되었다. 조르주 바타유, 『어떻게 인간적 상황을 벗어날 것인가』, 조한경 옮김, 문예출판사, 1999(옮긴이).

열거해볼 것이다. 그룹들(초현실주의 그룹은 환영받았거나 또는
혐오의 대상 또는 그 전형이었다), 아직 존재하지 않았던 이념들
과 필요 이상으로 넘쳐났던 지배적 인물들을 중심으로 결성된 수
많은 집단들, 그와 관련해 무엇보다도 노농평의회[9]에 대한 기억,
이미 파시즘과 같은 것에 대한 예감. 그러나 그 전개 과정에서
그 의미는 당시의 개념들로는 포착되지 않았고 저열하고 빈곤한
것으로 평가절하될 수밖에 없었거나, 반대로 제대로 사유되지
않은 채 잘못 논박당할 수도 있는 중요하고 놀라운 어떤 것을 나
타냈다. 그리고 마지막으로 (아마 가장 먼저 열거했어야 할) 바타
유를 매혹시켰던 사회학적 작업, 그것은 그에게 결코 유혹에 이
끌려 다시 재현할 수 없는 공동체적 삶의 양태에 대한 향수(그것
은 곧 사라졌다)와 인식을 즉각 가져다주었다.

결여의 원리

나는 바타유를 대신해 다음 물음을 반복한다. 왜 '공동체'인
가? 그의 대답은 매우 명료하다. "모든 인간 존재의 근본에 어떤
결핍의 원리가 있다……"(결여의 원리). 주의해서 보자. 그것은
하나의 원리로서 한 인간 존재의 가능성을 좌우하고 가늠한다.
따라서 그 결과 원리로서의 결핍은 완전성을 필요로 하지 않는
다. 결핍된 인간 존재는 온전한 실체를 이루기 위해 타자와 결합
되기를 원하지 않는 것이다. 결핍에 대한 의식은 자신에 대한 문
제 제기에서 비롯되며, 그 문제 제기를 위해 타자 자체 또는 하

---

9 러시아에서 1917년 혁명 당시 노동자들과 군인들로 구성된 의회(옮긴이).

나의 타자가 필요하다. 인간 존재는 혼자서는 스스로에게 갇히게 되며 무감각해지고 평온 가운데 잠잠해지게 된다. 인간 존재는 홀로 있거나, 또는 홀로 있지 않을 때에만 홀로 있는 자신을 아는 것이다. "각 인간 존재의 실체란 끊임없이 다른 인간 존재에 의해 부인된다. 사랑과 흠모를 담은 시선조차 마치 실재 현실을 드러내 보여주는 것 같은 의혹으로 나에게 들러붙는다.""내가 사유한 것, 나는 그것을 홀로 사유하지 않았다." 여기에 분석을 요하는 서로 다른 모티프들이 얽혀 있다. 이 모티프들은 차이들이 혼잡하게 결합되어 있기에 힘을 갖게 된다. 이는 마치 동시에 함께 사유될 수밖에 없는 사유들이 쪽문으로 급히 흘러 나가는 것과 같다. 하지만 사유들이 다양하다고 해서 그 흐름을 막지는 못한다. 인간 존재는 인정받고자 하지 않으며 오히려 부인되기를 원한다. 인간 존재는 존재하기 위해서 자신에게 이의를 제기하고 때로 자신을 부인하기도 하는 타자를 향해 나아간다. 그 결과 인간 존재는 자신이 될 수 없다는, 즉 **자기**ipse 또는 분리된 개인으로 존속할 수 없다는 불가능성을 의식하게 만드는 상실의 체험 속에서만 존재하기 시작하는 것이다(바로 그 불가능성에 대한 의식에 인간 존재의 의식의 기원이 있다). 따라서 인간 존재는 자신을 항상 미리 주어진 외재성(外在性)extériorité으로, 여기저기 갈라진 실존으로 체험하게 된다. 그러면서 인간 존재는 과격하지만 은밀하고 조용한 끝없는 자신의 와해와 다르지 않은 자신의 구성 가운데 아마 실존하게 될 것이다.

그러므로 각 인간 존재의 실존은 타자 또는 복수의 타자를 부른다. (이러한 사실의 발생 과정은 다수의 연쇄고리를 필요로 하는 연쇄 폭발과도 같다. 하지만 만일 그 다수의 연쇄고리가 한정되어 있지 않다면, 그 폭발은 광대한 무한성 가운데 무한정화되면서만 형성될 수 있는 우주처럼 무한으로 이어질 위험이 있다.) 따라서 각 인간 존재는 어떤 공동체를 부른다. 즉 유한한 공동체. 왜냐하면 그 공동체는 이번에는 자신을 조직한 인간 존재들의 **유한성**을 원리로 삼고 있기 때문이다. 그리고 인간 존재들을 구성하고 있는 **유한성**은 보다 높은 수준의 절박함으로 나아가야 한다. 그 사실을 공동체가 망각한다면 인간 존재들은 참을 수 없을 것이다.

여기서 우리는 다루기 쉽지 않은 난제와 씨름하고 있다. 공동체는 그 구성원들이 많을 수도 있고 적을 수도 있다. (이론적·역사적으로 본다면, 소수의 구성원으로만 공동체를 이룰 수 있다. 가령 수도사들의 공동체, 하시디즘[10]의 공동체와 키부츠의 구성원들, 학자들의 공동체, '공동체'를 위한 공동체 또는 연인들의 공동체 등.) 그러나 어찌 됐든 공동체는 어떤 연합과 융합의 흐름으로, 다시 말해 열광의 흐름으로 제시되는 것처럼 보일 수 있다. 열광에 따라 구성원들은 어떤 단일성(초개인성) 가운데 하나로 묶일 수도 있다. 그러나 그 단일성이라는 것은 내재성에 갇힌 고유한 단독의 개체라는 생각과 마찬가지로 반대의 견해에 부딪히게 될 것이다.

연합?

공동체는 연합으로 나아갈 수 있다(물론 모든 성체[聖體] 연합이 이를 상징화한다). 서로 다른 예들이 이를 보여주고 있다. 즉

---

10 역사적으로 중세 시대 독일에서 발생한 유대교 종파를 말한다. 또한 유대 신비철학인 카발에 그 영감의 기원을, 18세기 폴란드의 종교 집단에 그 유래를 두고 있는 유대교 종파를 가리킨다(옮긴이).

가이아나Guyana에서 상서롭지 못한 집단 자살로 특징지어지는 열광에 휩싸인 집단, 사르트르Sartre가 『변증법적 이성 비판La Critique de la raison dialectique』에서 분석하고 있는 융합 속의 집단. (사르트르가 설정한 **사회성**의 두 가지 형태에 대해 논의할 것이 많을 것이다. 그는 조합과 융합이라는 두 가지 형태로 사회성을 정의하였다. 여기서 조합은 단순히 다수의 개인들의 모임이며, 융합은 동요 가운데 있는 전체 속에서 스스로를 잃어버리거나 스스로 고양되는 자유 의식이다.) 군사 집단 또는 파시스트 집단. 거기서 각 구성원은 자신의 자유와 의식마저 그 집단의 육화(肉化)로 여겨지는 우두머리에게 양도한다. 그 우두머리는 뚜렷이 드러나지 않는데, 왜냐하면 그는 본래 이를 수 없는 곳에 있기 때문이다.

멀리 떨어져 있는 많은 독자들에게 조르주 바타유라는 이름은 법열을 추구하는 신비주의 또는 법열의 경험에 대한 무신론적 탐구를 의미한다. 그러한 조르주 바타유가 "어떤 집단적 일체(一體) 속에서의 융합의 완성"(장-뤽 낭시)을 **용납하지 않았다**는 사실은 놀라운 일이다(그러나 여기서 그 사실의 반례가 되는 몇몇 애매한 구절들을 따로 떼어놓아야 할 것이다[11]). "융합의 완성"은 바

---

11 "연합을 통한 단일성"이라는 이념은 (전전[戰前]의) 『카이에 다르Cahiers d'art』에 발표된 성스러운 것에 대한 글들에서 생소한 것이 아니다. 이는 아마 로르Laure의 몇 가지 표현들이 그 이념을 드러내 보여주었기 때문이기도 할 것이다. 그러므로 "성스러운 것은 소통이다"라는 문장에 우리의 견해와는 다른 해석이 가능하다. 바타유는 이렇게 말하기도 했다. "연합, 융합, 법열은 벽의 파괴를 필요로 한다……" 바타유는 이 모든 말들을 출판을 염두에 두지 않고 노트들에 급히 적어놓았다. 하지만 그 노트들에 조심성 없고 타는 듯한 급박함이 드러나 있기에, 우리는 그것들을 소홀히 다룰 수는 없다.

(로르라 불리는 콜레트 페뇨Colette Peignot는 바타유가 사랑했던 여자다. 그녀에 대해 바타유는 이렇게 말한 적이 있다. "어느 누구도 나에게 그녀처럼 다루기 힘들고 순결하며 결정적으로 숭고한 인물로 나타난 적은 없다." 로르는 1938년에 죽었고 이로 인해 바타유는 큰 충격을 받았었다고 한다. 바타유는 미셸 레리스Michel Leiris의 도움으로 그녀의 유작인 『성스러운 것Le Sacré』(1939)과 『어느 소녀의 이야기Histoire d'une petite

타유에게 심히 역겨운 것이었다. 다음과 같은 사실을 결코 잊어
서는 안 된다. 그에게 모든 것을 (또한 자기 자신을) 망각하는 데
이르게 되는 황홀의 상태는, 결핍된 실존의 수행과 결핍된 실존
의 자기 초탈에 따라 뚜렷이 드러나게 되는 엄격한 행보보다 덜
중요한 것이다. 결핍된 실존은 결핍[결여의 원리를 구성하는 인
간 존재의 결핍]을 망각하지 않으며, 결핍이란 내재성뿐만 아니
라 모든 형태의 일반적이고 안일한 초월성을 무너뜨리는 움직임
이다(이 주제에 관해 『무한한 대화 *L'entretien infini*』에 수록된 텍스
트들을 참조할 것[12]).

  따라서(너무 빠른 '따라서,' 나는 그 사실을 인정한다) 공동체가
법열에 이르러야만 하는 것도 아니고, 공동체의 구성원들이 지
나치게 가치가 부여된 어떤 단일성 내에로 융합되어야만 하는 것
도 아니다. 그 단일성은 공동체가 공동체로서 와해되는 것과 동
시에 사라지게 될 것이다. 그렇다고 공동체가 한계 내에서 단순
히 다수로 존재하려는 공통의 의지를 공유하는 데에 있는 것도
아니다. 아무것도 하지 않기 위해, 즉 '어떤 것'을 나누는 것 이
외에 다른 무엇도 하지 않기 위해 우리는 그렇게 단순하게 다수
로만 존재하려 할 수도 있다. 그러나 '어떤 것'의 나눔은 어떤 나
눔 자체로의 참여의 가능성을 언제나 미리, 틀림없이 외면한다.
어떤 나눔 자체, 말하자면 말, 침묵.

  조르주 바타유가 '모든 존재의 기초'로서 결핍의 원리를 언급

---

fille』(1943)를 출판하였다. 『마가진 리테레르 *Magazine littéraire*』의 바타유 특집호
[*Magazine littéraire : Georges Bataille, la littérature, l'érotisme et la mort*, 243호, 1987
년 6월]에서 연보와 도미니크 라부르댕 Dominique Rabourdin의 "Laure : vivre avec
Bataille" 참조 ─ 옮긴이).

12 M. Blanchot, *L'entretien infini*, Gallimard, 1969. 『무한한 대화』는 블랑쇼의 후기 사
  상의 모든 주제들이 집약적으로 드러나 있는 그의 주저들 중의 하나이다(옮긴이).

할 때, 우리는 그가 말하는 것을 별 어려움 없이 이해했다고 믿는다. 하지만 그것은 이해하기 어려운 것이다. 어떤 것에 대한 결핍인가? 다만 존속하는 데 있어서의 결핍인가? 문제가 되는 것은 명백히 그러한 것이 아니다. 동물의 사회에서 확인되는 것 같은 자신과 다른 존재를 위한 상호부조는 단순한 집단적 공존(共存)의 동기를 설명하는 데조차 충분하지 않다. 떼거리의 삶이란 분명 서열화되어 있으며, 하나의 존재나 또 다른 존재에 대한 복종에는 단수성(單數性)을 결코 용인하지 않는 획일성이 있다. 결핍은 어떤 충만함을 보여주는 모델과의 비교에 따라 발생하는 것이 아니다. 결핍은 결핍을 해소시킬 수 있는 것을 찾지 않으며 오히려 초과를, 채워질수록 심해지는 결핍의 초과를 추구한다. 의심할 바 없이 결핍은 〔나에 대한 타자의〕이의 제기 contestation를 요청한다. 이의 제기는 고립된 나로 인해 생겨난다. 이의 제기는 그 **위치**로 인해 나를 위태롭게 할 수 있는 유일한 자인 하나의 타자로의(또는 타자 자체로의) 노출을 항상 유도한다. 만일 인간 실존이 근본적으로 부단히 의문에 부쳐진 실존이라면, 인간 실존은 그 자신으로부터 자신을 넘어설 수 있는 가능성만을 끌어낼 수 있을 뿐이다. 그렇지 않다면 인간 실존이란 의문은 항상 꼬리를 물고 이어질 것이다(자기 비판이란 분명 타자의 비판에 대한 거부이며, 결핍에 대한 권리를 보존하면서 스스로 충만해지는 방법이고, 따라서 지나치게 가치가 부여된 자신 앞에서 스스로 낮아지는 것일 뿐이다[13]).

---

13 결핍의 원리의 질서 내에 있는 자는 〔결핍의〕초과에 내맡겨져 있다. 인간은 지평으로서의 과도함과 함께하는 결핍된 존재다. 초과는 지나치게 충만한 것, 넘쳐나는 것이 아니다. 오히려 결핍의 초과, 즉 결핍에 따른 초과는 인간의 결핍을 요구한다. 하지만 그 요구는 결코 만족될 수 없는 것이다.

타인의 죽음

따라서 무엇이 나를 가장 근본적으로 의문에 빠지게 하는가? 그것은 유한한 내 자신에 대한 나의 관계, 즉 죽음으로 향해 있고 죽음을 위한 존재임을 의식하는 내 자신에 대한 나의 관계가 아니다. 그것은 죽어가면서 부재에 이르는 타인 앞에서의 나의 현전présence이다. 죽어가면서 결정적으로 멀어져 가는 타인 가까이에 자신을 묶어두는 것, 타인의 죽음을 나와 관계하는 유일한 죽음으로 떠맡는 것, 그에 따라 나는 스스로를 내 자신 바깥에 놓는다. 거기에 공동체의 불가능성 가운데 나를 어떤 공동체로 열리게 만드는 유일한 분리가 있다. 조르주 바타유는 이렇게 말한다. "살아 있는 자가 그의 동류가 죽어가는 것을 본다면, 그는 **자신 바깥**에서 존속할 수 있을 뿐이다." '내'가 '죽어가는 타인의' 손을 붙잡고 그와 함께 이어나가는 무언(無言)의 대화, 나는 그 대화를 다만 그가 죽어가는 것을 돕기 위해서만 이어가는 것이 아니다. 그를 근본적으로 상실로 이끌며 나눌 수 없는 그의 소유인 것처럼 보이는 사건(그에게 가장 고유한 가능성을 남겨주는 것처럼 보이는 사건)으로 인한 고독을 나누기 위해, 나는 그 대화를 이어간다. "그렇다, 그것은 진실이다. (어떤 진실인가?) 너는 죽어간다. 죽어가면서 너는 다만 멀어져 가기만 하는 게 아니라, 또한 너는 여전히 지금 여기에 현전한다. 왜냐하면 너는 죽어가는 것에 대해 내 앞에서 동의했기 때문이다. 너는 그렇게 동의하면서 모든 고통을 떠넘긴다. 너의 동의로 인해 나는 찢김 가운데 가만히 떤다, 너와 함께 말을 잊어버리면서, 너와 함께 너 없이 죽어가면서, 너 대신 내 스스로 죽어가도록 내버려두면서, 너와 나

너머에서 이 선물을 받으면서." 그에 대해 이러한 응답이 있다. "내가 한편 죽어가는 사이에, 네가 살아 있다는 환상 속에서." 그에 대해 이러한 응답이 있다. "네가 한편 죽어가는 사이에, 네가 죽어간다는 환상 속에서"(『저 너머로의 발걸음*Le pas audelà*』[14]).

죽어가는 자의 이웃

각자의 것일 수 없는 최초의 그리고 최후의 사건(탄생, 죽음)이 만일 각 사람에게서 공통된 것이 아니라면, 공동체란 있을 수 없다. 그 사실이 공동체의 근거를 이룬다. 공동체는 너나들이로 말하기가 금지되어 있는 비대칭성asymétrie의 관계만을 '너와 나에게서' 완강히 보존하려 한다. 그때 공동체는 무엇을 요청하는가? 공동체에 도입된 초월성의 관계에서, 왜 권위·단일성·내면성intériorité이란 것은 부당한 것이 되는가? 지배란 것이 있을 수 없는 영역인 바깥dehors은 권위·단일성·내면성에 대립하기를 요구한다. 공동체가 결국 자신의 한계로부터 스스로 말하게 된다면, 공동체는 무엇을 말하는가? 공동체가 죽어간다는 것에 대해 다음과 같은 말을 반복한다면, 공동체는 무엇을 말하는가? "우리는 홀로 죽지 않는다. 만일 죽어가는 자의 이웃이 된다는 것이 인간적으로 진정 필요하다면, 그 이유는 하찮기는 하지만 역할을 나누기 위해서, 죽어가면서 현재 죽을 수 없다는 불가능성에 부딪힌 자를 내리막길에서 붙들기 위해서이다. 가장 부드러운 금지의 명령으로. **지금**maintenant 죽으면 안 돼. 죽기 위한 지금

---

14 블랑쇼의 후기 작품들 중의 하나. M. Blanchot, *Le pas au-delà*, Gallimard, 1973(옮긴이).

이 있을 수 없다는 것. '안 돼,' 최후의 말, 탄식이 되어버린 금지의 명령, 더듬거리는 부정(否定)의 말. 안 돼 — 너는 죽을 거야"(『저 너머로의 발걸음』).

이 말은 '나는 죽지 않는데, 왜냐하면 내가 속해 있는 공동체(조국 또는 우주 또는 인간성 또는 가족)는 유지될 것이기 때문이다'와 같은 고지식한 언명이 아니다. 즉 이 말은 공동체가 일종의 비가사성(非可死性)을 보장한다는 것을 의미하지 않는다. 오히려 완전히 정반대이다. 장-뤽 낭시는 이렇게 말한다. "공동체는 주체들 사이에 어떤 보다 상위의 삶, 불사 또는 죽음 너머의 삶의 끈을 엮지 않는다…… 공동체는 구성상…… 우리가 아마도 그 구성원들이라고 잘못 부르고 있는 자들의 죽음에 의해 질서지어져 있다." 하지만 여기서 '구성원'이란 계약 또는 불가피한 필요에 따르거나 피·인종·민족의 유대에 대한 인식에 따라 결합하는 스스로 충만한 단일한 개체(개인)이다.

공동체와 무위(無爲)

공동체는 죽음에 의해 질서 잡혀 있지만, "여기서 죽음은 공동체에 부여된 과제와 같은 것이 아니다." 공동체는 "그 구성원들의 죽음을 미화해 그로부터 어떤 실체 또는 주체(그것이 어떤 것이든 간에, 가령 조국, 고향, 민족…… 절대적 팔랑스테르[공동 단체][15] 또는 신성한 몸[16]……)를 구성하고자 **하지 않는다**." 나는 몇

---

15 팔랑스테르phalanstère는 샤를 푸리에Charles Fourier(1772~1837)가 주창한 공동 생활 단체(옮긴이).

16 corps mystique. 원래는 예수의 몸을 가리킨다(옮긴이).

몇 주요 문장을 옮기고 난 후, 나에게 결정적으로 여겨지는 이러한 주장에 도달한다.[17] "만일 공동체가 타인의 죽음에 의해 드러난다면, 죽음 그 자체가 죽어갈 수밖에 없는 존재들의 진정한 공동체를 이루게 하기 때문이다. 말하자면 그들의 불가능한 연합을 이루게 하기 때문이다. 따라서 공동체는 독특한 점을 갖고 있다. 즉 공동체는 그 고유의 내재성의 불가능성을, 주체로서의 공동체적 존재의 불가능성을 받아들인다. 어쨌든 공동체는 공동체의 불가능성을 받아들이며 새겨둔다. 공동체는 그 '구성원들'에게 그들이 죽을 수밖에 없는 존재라는 진리를 제시한다(불사[不死]의 존재들의 공동체란 없다고 말해도 과언이 아니다……). 공동체는 유한성finitude을, 유한한 존재être-fini를 근거짓는 결정적 초과를 제시한다……"

이러한 사유에서 공동체의 두 가지 본질적 특성이 드러난다. 1) 공동체는 축소된 형태의 사회가 아니며, 또한 연합을 통한 융합을 지향하지도 않는다. 2) 사회 조직에서와는 다르게 공동체에서는 과제를 수행하는 것이 금지되어 있으며, 공동체는 어떤 생산적 가치도 목적으로 삼지 않는다. 그렇다면 공동체는 효용성의 측면에서 어떤 목적을 갖는가? 어떠한 목적도 갖지 않는다. 예외적으로 단 하나의 목적이 있다면, 그것은 공동체가 타인에 대한 헌신을 그가 죽음 앞에 처했을 때조차 항구적으로 보여준다는 데에 있다. 타인이 고독 속에서 사라지지 않도록, 타인이 대신 죽어가고 있는 자신을 발견할 수 있도록, 동시에 타인이 자신에게 부과된 이 대리 죽음을 또 다른 자의 것으로 넘겨줄 수 있도록 하기 위해. 죽음의 대속(代贖)이 연합을 대신한다. 조르주

---

17 이어지는 문장은 낭시의 것이다(옮긴이).

바타유는 이렇게 쓴다. "······ 공동의 삶에서 **죽음이라는 높이**에 자신을 붙잡아둘 필요가 있다. 셀 수 없이 널려져 있는 개인적 삶의 운명이란 하찮은 것이다. 그러나 공동체는 죽음의 강렬함의 높이에서만 유지될 수 있으며, 위험과 함께 나타나는 기묘한 장엄함을 망각할 때 공동체는 와해되고 만다." 이때 우리는 그러한 몇 가지 표현들(장엄함, 높이)이 갖는 의미를 제거하고자 한다. 왜냐하면 우리가 말하는 공동체는 신(神)들이나 영웅들의 공동체도 아니며 군주들의 공동체는 더더욱 아니기 때문이다. (사드에게 그러한 군주들의 공동체가 주어졌었다. 사드의 극단적 향락의 추구에서 죽음은 한계가 아니다. 왜냐하면 주어지거나 받아들여진 죽음으로 인해 자신 안에 갇힌 주체Sujet는 스스로 극도로 고양되면서 완벽한 향락을 불러올 수 있게 되고, 동시에 최고 주권 souveraineté이 정점에 이르게 되기 때문이다.)

공동체와 글쓰기

공동체는 최고 주권이 지배하는 장소가 아니다. 공동체는 노출되면서 노출하게 한다. 공동체는 공동체에 반하는, 존재의 **외재성**을 포함한다. 사유는 외재성을 지배하지 못한다. 설사 사유가 외재성에 다양한 이름들(즉 죽음, 타인과의 관계, 또는, 말이 말하는 방법에 국한되지 않고 말 자신과의 어떠한 관계도 — 동일성〔긍정〕의 관계도, 타자성〔부정〕의 관계도 — 이루지 못하는 것이라면, 말)을 붙일 수 있다 하더라도 그렇다. 공동체가 각각을 위해, 나와 공동체 자신을 위해 운명과도 같은 자신 바깥(공동체의 부재(不在))을 지배하는 한에 있어, 공동체는 나눌 수는 없지만 필연적으로 다수일 수밖에 없는 말의 자리를 마련한다. 그렇기에 공동체는 말 가운데에서 전개될 수 없게 된다. 다시 말해 공동체의 효용가치와 과제란 것은 없어지고, 공동체도 이미 상실되었으며, 그에 따라 공동체는 자신을 찬양하고 고양시킬 수 없게 되는 것이다. 그러나 말이 가져온 선물, 즉 한 인간 존재가 타자에 의해 한번이라도 환대받았다는 확실성마저 보장하지 않는 '완전한' 상실에 따르는 선물이 주어진다. 타인만이 말을 가능하게 한다. 아니 말이 아니라 차라리 말을 하라는 간청. 말과 함께 거부될 수도 있고, 제대로 들리지 않을 수 있거나 받아들여지지도 못할 수 있는 간청.

따라서 공동체의 와해와 어떤 종류의 글쓰기가 연관이 있음을 예상할 수 있다. 최후의 말 이외에 그 어떤 것도 찾지 않는 글쓰기. "와Viens, 와, 오시오_venez, 명령, 기원, 기다림에 답할 수 없는 당신 또는 너."[18]

공동체를 부르고 있는 조르주 바타유의 행보를 따라가다 보면 (사실은 그럴 수 없다, 나에게 방법이 없다는 것을 말하고 싶다), 우리는 다음의 과정들을 발견하게 될 것이다.

1) 바타유는 공동체를 추구했고, 그것은 하나의 그룹으로 존재했다(그 경우 바타유는 공동체를 받아들였지만, 이는 공동체에

---

18 이 단어 "와"와 관련해, 우리는 자크 데리다Jacques Derrida의 잊을 수 없는 책 『최근 철학에서 받아들여진 묵시(默示)의 어조에 대하여 D'un ton apocalyptique adopté naguère en philosophie』(갈릴레Galilée 출판사)와, 거기서 특히, 방금 읽은(『저 너머로의 발걸음』에서 따온) 문장과 특이한 공명(共鳴)을 울리고 있는 다음 문장을 분명히 상기해보자. "이 단호한 어조, '와'에 어떠한 욕망도, 어떠한 명령도, 어떠한 기원(祈願)도, 어떠한 요구도 나타나 있지 않다." 여기서 또 다른 성찰을 보여주어야 할 필요가 있다. "묵시란 모든 담론, 모든 경험 자체, 또는 모든 표징, 모든 흔적의 선험적 조건이 아닌가?" 그러므로 모든 이해에 앞서, 또한 모든 이해의 조건으로서 묵시의 목소리가 바로 공동체 내에서 들리지 않는가? 아마 그럴 것이다.

대한 거부 또는 무관심의 배격으로 이어졌다). 즉 초현실주의 그룹, 거기서 드러난 거의 모든 개성이란 것들은 '불쾌한 것이었다.' 초현실주의 그룹은 불충분했기에 주목할 만한 시도로 남는다. 초현실주의 그룹에 속한다는 것은 그 반대 그룹을 즉시 형성하여 초현실주의 그룹을 세차게 박찬다는 것이었다.

2) '반격Contre-Attaque'은 또 다른 하나의 그룹이었다. 이 그룹에는 어떤 절박함이 있었는데, 그 점에 대해 주의 깊게 살펴보아야 할 것이다. 이 그룹에는 아무 효과도 없이 단순히 존재하는 것을 넘어서 투쟁 가운데에서만 존속할 수 있다는 절박함이 있었다. 말하자면 '반격'은 거리에서(68년 5월 혁명의 전조), 바깥에서 존재했다. 이 그룹은 어떠한 흔적도 남기지 않고 날려 흩어지는 전단들로 자신의 존재를 증명했다. 이 그룹은 정치적 '강령들'을 보란 듯이 내걸었다. 하지만 이 그룹의 기반에 어떤 반란의 사유가 있었다. 그리고 그것은, 국가사회주의를 (일시적으로나마) 거부할 수 없었고 거기서 독일이 철학을 주도할 운명 속에서 그리스를 이어갈 수 있다는 희망의 확증을 보았던 하이데거Heidegger의 '초(超)-철학sur-philosophie'에 대한 응답이었다.

3) '무두인(無頭人)Acéphale.' 생각건대 그것은 조르주 바타유가 유일하게 중시했던 그룹이었고, 그는 여러 해가 지나서도 이 그룹에 대한 기억을 하나의 극단적 가능성으로 간직하고 있었다. '사회학회Le Collège de sociologie.' 이 그룹은 매우 중요하기는 했지만, 공개적으로 드러난 모임이 결코 아니었다. 이 그룹은 근거가 취약한 지식으로 우리를 안내했다. 이 그룹은, 공식 기관에서 어느 정도 무시했지만 다룰 수 없지는 않았던 주제들에 대한 성찰과 인식의 작업에만 그 구성원들과 청중들을 참여하도록 했다. 사실 공식 기관에서도 그러한 주제들을 다룰 수 있었는데, 거기

의 교사들이 여러 가지 방식으로 그 주제들의 기초를 알려주었었기 때문이다.

공동체 무두인

'무두인'은 신비에 쌓인 채 남아 있다. 여기에 참여했던 자들은 자신이 거기에 관계했었는지 확신할 수 없었다. 그들은 말하지 않았거나, 그들의 말을 전수 받았던 자들은 엄격하게 조심성을 유지해야만 했다. 같은 이름〔'무두인'[19]〕 하에 발표된 텍스트들은, 몇몇 문장들을 제외한다면, 그들의 말이 갖는 역량을 보여주지 못했다. 그 몇몇 문장들은 오랜 시간이 지나서도 이를 썼던 자들을 여전히 뒤흔들어놓았다. 공동체 무두인의 각 구성원은 그 공동체 전체였다. 그뿐 아니라 각 구성원은, 완전하고 전적인 실존을 향해 나아가기 때문에 무(無)와 마주할 수밖에 없는 인간 존재 전체의 강렬한 육화(肉化)였다. 무 앞에서 미리 스러져 간 인간 존재의 강렬하고 다양하며 확연한, 하지만 무익한 육화. 각 구성원은 분리의 절대성에 따라서만 그룹을 형성했다. 깨지기 위해서 그 분리의 절대성은 역설적인 관계, 나아가 비상식적인 관계로 변하기까지 긍정될 필요가 있었다. 그 관계는 모든 관계를 거부하는 절대적 타자들과의 절대적 관계였다. 결국 '비밀' ― 그것은 분리를 의미한다 ― 을 숲에서 직접 조사할 수는 없을 것이다. 숲에서 제물의 희생이 치러졌었다.[20] 숲에서 제물은 스스로 제물이 되는 것에 동의했고, 죽어가면서만 죽음을

---

19 '무두인'은 바타유가 만들었던 공동체의 이름이자 잡지의 이름이다(옮긴이).
20 무두인에서 행해졌던 모의 살해를 말한다(옮긴이).

건네줄 수 있었던 자의 죽음을 건네받을 준비가 되어 있었다. 여기서 『악령』에 대해 생각해보자. 단 한 명에 의해 저질러진 살인이 있었고 공모자들의 그룹은 결속력을 굳게 할 필요가 있었다. 그에 따라 그들은 공통된 혁명의 목적을 수행하면서 자아를 지탱시켰던 모든 자들을 책임지고 결합시켰다. 사실 모든 이들은 혁명의 목적을 공유하고 있었고 그 가운데 하나가 되어 있었을 것이다. 그러나 여기서 『악령』과 그 극적인 사건들을 기억해보는 것은 지나치게 안이한 일이다. 반면 우리에게 문제가 된 것은 어떤 억압적 질서를 파괴하기 위해서가 아니라 또 다른 억압의 질서를 파괴하기 위해 진행된 희생에 대한 패러디이다.

공동체 무두인에서 각 구성원은 이제 유일한 책임자가 아니었고 대신 완전하고 전적인 인간성의 실존을 떠맡았다. 무두인이란 공동체는 단 두 명에 의해서는 완성될 수 없었다. 왜냐하면 거기서 모든 이들은 동등하게 전체로서의 부분을 감당하고 있었고, 마사다Massada²¹에서처럼 공동체에 의해 육화된 무(無)에 자신을 던져야 할 의무를 갖고 있다고 느꼈기 때문이다. 그러한 사실은 부조리한가? 그렇다. 하지만 다만 부조리하기만 한 것은 아니다. 왜냐하면 그러한 사실은 그 그룹의 법을, 즉 그 그룹을 초월성에 내맡겨둔다는 그 그룹 자체를 구성한 법을 파기한다는 것을 의미했기 때문이다. 그러나 그 그룹이 내맡겨져 있었던 그 초월성은 그 그룹 자체가 갖고 있었던 초월성과 다르지 않았으며, 그 자체의 독특한 내밀성이었던 바깥dehors과 다르지 않았다. 그 공동체는 자신을 조직하면서, 희생 제물의 죽음을 집행하

---

21 소돔 북쪽. 사해 근처에 있었던 이스라엘의 역사적 요새. 예루살렘이 로마에 의해 점령당하고 성전이 파괴된 후, 거기로 젤로트당원(로마 제국 시대에 로마에 저항했던 유대교 종파의 회원)들이 피신하였다(옮긴이).

는 계획을 세우면서, 모든 **과제**œuvre를 포기할 수는 없었다. 그러나 그들의 과제는 죽음을 집행하는 과제, 즉 모의 살해에 지나지 않았다. 죽음의 최고의 가능성 가운데에서의 죽음의 불가능성(희생 제물의 목을 가르는 칼, 같은 동작으로 그 희생 제물은 '사형 집행자'의 머리를 자른다)으로 인해, 가장 수동적인 수동성을 긍정하면서 흥분 가운데 고양되는 불법적 행동은 최후의 순간까지 유보되었다.

희생과 비움

희생. 그것은 조르주 바타유의 뇌리를 떠나지 않았던 개념이다. 여기서 희생의 의미는 역사적·종교적 해석 너머에 있다. 그것은 바타유가 타자들에게로 열리고 자기 자신과 과격하게 분리되면서 직면했던 무한의 요구에 따라 드러나야만 한다. 그렇지 않다면 그것은 기만적인 것이 될 것이다. 희생이라는 주제는 『마담 에드와르다*Madame Edwarda*』[22]를 관통하고 있지만 거기서 제대로 표현되어 있지는 않다. 『종교의 이론』에서의 다음과 같은 단언은 희생이 무엇인지에 대해 말해준다. "희생한다는 것은 살해한다는 것이 아니고, 비운다는 것, 내어준다는 것이다." 무두인과 관계를 맺는다는 것, 그것은 자신을 비운다는 것, 자신을 내어준다는 것과 같았다. **한계 없는 비움에 자신을 결정적으로 내어줌**.[23] 바로 거기에 공동체를 해체하면서, 동시에 공동체를 세

---

22 바타유가 피에르 앙젤리크Pierre Angélique라는 가명으로 1941년에 발표한 소설(옮긴이).

23 받는 자가 주는 자에게 보답으로 힘 또는 영예를 되돌려주게 하는 선물이 있다. 그 경

우는 희생이 있다. 희생에 따라 공동체는 어떠한 형태의 현전의 권위도 인정하지 않는 시혜(施惠)의 시간에 내맡겨진다. 희생으로 인해 공동체와 공동체에 자신을 내어준 자들은 그 시혜의 시간에 어떤 현전의 권리도 갖지 못하게 된다. 그러므로 희생 가운데 그들은 고독으로 돌아가게 되지만, 그 고독 속에서 그들은 보호받지 못하게 되고 흩어지게 되거나 스스로 스러지게 되고 서로 다시 만나 함께 있지 못하게 된다. 선물 또는 비움은 다음과 같은 것이다. 결국 아무 줄 것도 없고 아무 희생할 것도 없기에 선물을 주고 스스로를 비우는 것이다. 다시 말해 시간 자체가 주어야 할 아무것도 아닌 이것이 주어졌다가 스스로를 거두는 방식이기에, 선물을 주고 스스로를 비우는 것이다. 이는 마치 절대가 부재의 형태 아래에서 변덕스럽게 자신으로부터 벗어나 자신과는 다른 것을 야기하는 것과 같다. 제한적이기는 하지만 부재가 공동체에 개입한다. 부재는 공동체의 유일한 비밀이며, 분명 포착할 수 없는 비밀이다. 공동체의 부재는 공동체의 실패가 아니다. 공동체의 부재는 공동체 내에 포함되어 있다. 마찬가지로 공동체의 부재는 공동체의 정점에 있으며, 공동체 자체가 필연적으로 사라지는 고난과도 같다. 무두인은 공유될 수 없었던 것, 고유의 소유로 보존할 수 없었던 것, 나중에 내어주기 위해 남겨둘 수 없었던 것에 대한 공유의 경험이었다. 어떤 수도자는 공동체에 보여주기 위해 자신이 갖고 있었던 것과 그 자신을 벗어던진다. 그에 따라 그는 공동체에서 신(神)Dieu의 보증으로 다시

우 주는 자는 결코 아무것도 내어주지 않게 되는 것이다. 비움의 선물이란 내버려진 인간 존재가 자신으로의 복귀의 정신도, 계산도, 아무런 보호막도 없이 내어주는 자기 존재의 상실에 이르기까지 내몰리는 데에 있다. 거기서 비움의 침묵 속에서의 무한에 대한 요구가 비롯된다.

모든 것의 소유자가 된다. 키부츠에서도 마찬가지였었다. 공산
주의가 구성한 현실적 또는 유토피아적 모든 정체(政體)에서도
마찬가지였었다. 공동체 무두인은 그 자체로 고유하게 존재할
수 없었으며, 다만 급박성 가운데 뒤로 물러나 존재할 수 있었을
뿐이다. 모든 가까움보다 더 가까이 있는 죽음의 급박성, 우리로
하여금 물러나기를 허락하지 않는 것의 예정된 물러남. 따라서
그들은 우두머리 없이 존재하면서 상징적 우두머리의 우위와 장
(長)·합리적 이성·계산·척도 그리고 상징적인 것의 권력을
포함하는 모든 권력을 배제했었을 뿐만 아니라, 확고하고 주권
적인 행위로 여겨져왔던 배제 자체(그것은 과거에 실추의 위협 가
운데 있는 우두머리가 지배적 권력을 되찾는 방법이었다)를 배제했
었다. 참수형은[24] "정념(情念)의 끝없는(법의 규제 없는)[25] 분출"
을 가능하게 했다. 하지만 공동체 그 고유의 해체를 통해 인가
(認可)되는 밝힐 수 없는 공동체에서, 그 참수형은, 이미 분출되
어 스스로를 긍정하는 정념에 따라서만 실행될 수 있었다.[26]

---

24 앞에서 저자가 말한, 공동체 무두인에서 행해졌던 모의 살해를 말한다(옮긴이).

25 "법의 규제 없는." 저자가 인용된 이 바타유의 문장에 덧붙인 것이다(옮긴이).

26 우리가 아는 대로 도스토예프스키의 『귀신들린 자』 또는 『악령』은 신문에 단신으로 실
린 매우 의미심장한 정치적 사건을 그 바탕으로 삼고 있다. (그 사건은 네차예프 사건
을 가리킨다. 네차예프는 당시 러시아에 만연한 허무주의와 무정부주의를 기반으로 급
진적인 모임을 만들었는데, 1869년 이바노프라는 회원이 사상 전환을 이유로 거기서 탈
퇴하려 하자, 네차예프는 그를 살해해 얼어 있던 연못을 깨고 수장했다-옮긴이.) 마찬
가지로 우리가 아는 대로, 사회의 기원에 대해 성찰하던 프로이트는 하나의 범죄(그것
이 상상에 의한 것이든 또는 실행된 것이든-그러나 그것은 프로이트에게 필연적으로
현실적인 것이었고 실현된 것이었다)에서, 떼거리로부터 규제되고 질서 잡힌 공동체로
넘어가는 전환점을 찾고자 했다. 떼거리에 의해 저질러진 장(長)에 대한 시해(弑害) 이
후, 그 장은 아버지가, 떼거리는 하나의 집단이, 그리고 떼거리의 구성원들은 아들들과
딸들이 되었다. "집단, 역사, 언어의 탄생에 범죄가 자리 잡고 있다"(Eugène Enriquez,
De la horde à l'État, Gallimard). 만약 우리가 어떤 이유 때문에 프로이트의 상상과 무
두인의 요구가 별개의 것인가를 보지 못한다면, 우리는 처음부터 끝까지 전부 (적어도
내가 보기에) 잘못 생각하게 될 것이다. 1) 물론 무두인에 죽음은 현재하는 것이었지
만, 희생제의의 형식으로조차 거기서 살해가 저질러진 것은 아니다. 먼저, 희생 제물은

내적 경험expérience intérieure

따라서 무두인은 존재하기 이전에, 또한 한 번도 존재한 적이 없다는 불가능성 가운데에서, 그 자신 너머의 어쩔 수 없는 재난에 들어가 있었을 뿐만 아니라 초월성에 대한 모든 명명(命名)을 초월해 있었다. 물론 "분출된 정념"에 호소한다는 것은 유치하게 보일 수 있다. 마치 그 정념이 자신을 정념에 내어준 자에게 미리 (추상적으로) 주어져 있는 양 말이다. 나눌 수 있는 것〔나눌 수 있는 '무엇'〕에 속하지는 않지만 나눌 수 있는 유일한 '감정적 요소'가 극적인 죽음의 급박성이 간직한 시간이, 즉 실존을 빛나게 하고 법열을 통해 실존을 **노예적** 굴종의 형태로부터 해방시키는 시간이 간직한 매혹적 가치로 남는다. 무두인에서 사람들은 최후의 고뇌에 빠지는 동시에 고뇌를 내버리기도 했으며, 그에 따라 법열(탈자태extase)이 주어졌고, 공동으로 경험한 비움이라는 환상이 있을 수 있었다. 죽음, 즉 타자의 죽음은, 우

동의했지만 그 동의는 동의라고 보기 힘든 것이었다. 그 희생 제물에 죽음을 건네줄 수 있는 자는, 오직, 죽이면서 동시에 죽어가는, 다시 말해 자발적인 희생 제물을 대속(代贖)하는 자였기 때문이다. 2) 거기서 공동체는 모든 이의 속죄를 위해 부름 받은 구성원들 중 두 사람(일종의 희생양들)의 피로 물든 희생 위에서만 세워질 수 있는 것은 아니었다. 각자는 모든 이들을 위해 죽어야만 하며, 바로 모든 이들의 죽음 가운데에서만 각자는 공동체의 운명을 결정할 수 있었다. 3) 그러나 희생제의로서의 죽음의 구현을 하나의 계획으로 갖는다는 것은 그룹 무두인의 법을 저버리는 것이었다. 왜냐하면 그 그룹의 첫번째 요구는 어떤 **과제**도(설사 그것이 죽음이라는 과제라 할지라도) 수행하는 것을 포기하는 데에 있었으며, 거기서 본질적인 계획은 모든 계획을 거부하는 것이었기 때문이다. 4) 그에 따라 완전히 다른 종류의 희생이 문제가 된다. 희생은 이제 한 사람 또는 모든 사람을 살해하는 데에 있지 않으며, 선물과 비움에, 무한한 비움에 있다. 참수(斬首), 즉 우두머리의 제거는 이제 장 또는 아버지 살해가 아니고 그 밖의 다른 이들을 형제로 만들지도 않으며, 다만 그들을 "정념의 끝없는 분출" 가운데 놓아둔다. 그러한 사실이 무두인에서 모든 형태의 초월성을 초월하는 어떤 재난désastre을 예감하도록 했던 것이다.

정 또는 사랑과 마찬가지로, 내밀성intimité의 공간 또는 내면성 intériorité의 공간을 열어 보인다. 그러나 여기서(조르주 바타유에게서) 내밀성·내재성은 주체의 것이 아니라 한계 바깥으로 미끄러짐이다. 그러므로 '내적 경험'은 그것이 말하는 것처럼 보이는 것의 반대를 말하고 있는 것이다. 즉 그것은 주체에서 비롯되었지만 주체를 황폐화시킨다. 그것은 공동체 자체인 타자와의 관계를 보다 깊은 기원으로 갖는 이의 제기의 움직임을 말한다. 타자성의 무한성이 갖는 준엄한 유한성을 결정적인 것으로 만들고 동시에 자신에게 내맡겨진 자를 타자성의 무한성으로 열리게 하지 않는다면, 공동체는 아무것도 아닌 것이리라. 동등한 자들이 이룬 공동체는 그들을 어떤 이해될 수 없는 불평등의 시련에 처하게 하는 공동체이다. 그것은 그들을 서로에게 종속시키지는 않지만 그들을 책임성(최고 주권?)의 새로운 관계에 가져다놓고 접근할 수 없는 것에 접근하게 하는 그러한 공동체이다. 공동체에서 각자가 자기 자신의 상실을 직접 긍정하는 것이 연합의 불가능성에 따라 금지된다. 그렇지만 공동체는 인식될 수 없는 것에 대한 인식(경험Erfahrung)을 권한다. '자신 바깥hors-de-soi'(또는 바깥)에 심연이 있고 법열이 있으며, 거기에서 끊임없이 단수적(單數的)singulier 관계가 이루어진다. 즉 공동체는 인식될 수 없는 '자신 바깥'에 대한 인식을 권한다. 공동체 무두인에서 시도는 했었지만 이루어질 수는 없었던 것이 있었다. 『내적 경험』[27]이 연이어 대신해서 그것을 이루려 한다는 것을 밝히는 것은 명백히 매혹적인 주제이기는 하지만 헛된 일이다. 그러나 그 책에서 문제가 된 것을 그 책이 역설적인 형태를 갖는다는 사

---

27 바타유의 철학적 시론. G. Bataille, *L'Expérience intérieure*, Gallimard, 1943, 1954(옮긴이).

실의 바탕 하에 다시 생각해봐야 한다. 계시가 불확실한 것이라면, 그 이유는 어떤 점에서는 계시가 전수되기 이전에 타인들에게 드러나야 하기 때문이다. 그러나 계시는 타인들을 거쳐 어떤 객관적 실재성을 가지게 되지 않는다(그렇게 된다면 계시는 즉시 와전될 것이다). 오히려 계시는 타인들에게서 공유되고 이의(異義)에 부쳐지면서(즉 계시가 다르게 표현되면서, 나아가 계시 안에 담겨 있는 계시 그 자체에 대한 반박에 따라 비난의 대상이 되면서) 반향해야 한다. 따라서 공동체에 대한 요구가 지속된다. 만일 법열이 소통되지 못하고, 그 이전에 소통의 근본 없는 근본으로 주어지지 못한다면, 법열 그 자체는 아무것도 아니리라. 내적 경험이라는 사건과 그로부터 비롯되는 전락과 영광을 감당할 한 사람이 있을지도 모른다. 그러나 조르주 바타유는 내적 경험이 한 사람이 홀로 감당할 수 있는 것이 결코 아니라고 항상 주장했다. 내적 경험은 서로 나눌 수 있을 때에만 완성된다. 내적 경험은 나눌 수 있고 이에 따라 한계들을 드러낼 때, 또한 위반하려는 한계들 가운데 그 자체로 드러날 수 있을 때 불완전성 가운데 보존되고 완성된다. 내적 경험에 따르는 위반에서, **혼자** 위반에 이를 수 있으리라 자신하는 자에게는 드러나지 않는 법(法)의 절대성에 대한 환상 또는 긍정이 솟아난다. 그 절대적 법은 어떤 공동체, 어떤 공모(共謀)entente 또는 공동의 동의를 전제하고 있을 수 있는 법이다. 그 동의가 내적 경험의 유일한 특성인 말함Dire의 불가능성을 적은 수의 말로 넘어서는 단수적 두 인간 존재의 순간적 동의라 할지라도 말이다. 내적 경험이 포함하는 유일한 것은 전달될 수 없기에 완전해지는 존재이다. 전달될 수 없는 것의 전달만이 가치가 있다.

달리 말해 단순한 내적 경험이란 없다. 조건들을 전제하지 않는 내적 경험이란 (바로 그 불가능성에서조차) 가능하지 않기에, 여전히 조건들을 구비해야만 한다. 그에 따라서만 어떤 공동체가 필연적인 것이 된다. (실패할 수밖에 없었던 하나의 계획을 생각해보자. '소크라테스 학회Collège socratique'는 실현될 수 없었던 공동체의 시도에서 마지막 도약을 위해 계획되었었다.) '법열'은 그 자체로 소통, 즉 고립된 존재에 대한 부정이다. 고립된 존재란 과격한 단절 가운데 사라지면서 동시에 흥분 속에서 스스로 고양되기를 열망하거나, 무한정성(그것은 사실은 이의 제기에 부딪힐 수밖에 없는 절대적 자기 긍정의 무한정성에 불과하다)으로 열리기 위해 고립을 깨뜨려서라도 '풍요로워지기를' 열망하는 자이다. 고립된 존재, 그것은 개인이며, 개인이란 하나의 추상에 불과하며, 범용(凡庸)한 자유주의의 허약한 개념으로 표상된 대로의 실존일 뿐이다. 행동의 인간들, 그리고 그들을 갈라놓으면서 무기력하게 만들려는 이론의 인간들을 드러내 보여주기 위해서라면 아마 '법열'과 같이 명확하게 되기 힘든 현상에 다가갈 필요가 없을 것이다. 그러나 정치적 행위가 있고 철학적이라고 말할 수 있는 과제가 있지만, 또한 어떤 윤리적 탐구가 있는 것이다. (조르주 바타유는 사르트르만큼이나 도덕에 대한 요구에 사로잡혀 있었다. 그러나 도덕에 대한 요구가 바타유에게는 우선적이었던 반면, '존재와 무l'Être et le Néant'라는 무게에 지배되었었던 사르트르에게 그것은 나중의 요구, 부차적 요구, 따라서 어디에 딸려 있는 요구일 수밖에 없었다. 거기에 양자의 차이가 있다.)

(유고로 남은 메모에서) "법열이 갖는 목적은 고립된 존재를 부정하는 데에 있다"라는 바타유의 응답을 읽을 때, 우리는 그 불충분성이 그의 한 친구(장 브뤼노Jean Bruno)가 던진 물음의 형식에 기인한다는 것을 알고 있다. 그러나 법열이 어떠한 이유

도 갖지 않는 것처럼, 어떠한 목적도 갖지 않는다는 것은 더할 나위 없이 명백하다. 마찬가지로 법열은 모든 확실성을 배격한 다. 우리는 이 단어, 법열을 주의 깊게 따옴표 안에 넣고서만 쓸 수 있는데, 왜냐하면 어느 누구도 거기서 무엇이 문제가 되는지, 그보다 먼저, 그것이 한 번이라도 일어났었는지 알 수 없기 때문 이다. 법열은 그것을 담아낼 수 없는 요행에 따라 주어진 단어들 이외에 다른 것에 의해 긍정되기를 거부한다. 법열의 결정적 특 성은 법열에 든 자가 더 이상 거기 있지 않으며, 따라서 법열에 들기 위해 더 이상 거기에 있지 않다는 점이다. 동일자는 자신이 과거의 법열을 하나의 기억처럼 되찾아 간직했다고 믿을 수 있다 (그러나 그는 사실은 더 이상 동일자가 아니다). 그는 나는 상기하 고 기억하는 동시에, 기억의 모든 가능성을 넘어서고 흔들리게 하는 격정 가운데 말하거나 쓴다고 믿을 수 있다. 그러나 가장 엄격하고 가장 절도 있는 신비주의자들(그 첫번째로 십자가의 성 요한Saint Jean de la Croix[28])은 기억이 개인적인 것일 때 의심스 러울 수밖에 없고, 기억이 회상될 때 회상 너머의 차원에 자리 잡게 된다는 것을 알고 있었다. 그 회상 너머의 차원에, 초시간 적 회상 또는 결코 한 번도 현재에 경험되지 않은 과거(따라서 모든 체험Erlebnis에 포착되지 않는 낯선 과거)의 회상이 있다.

---

28 바타유가 자주 인용하는 16세기 스페인의 기독교 신비주의자. 십자가의 성 요한은 1563 년 카르멜 수도회에 들어갔고, 아빌라의 성 테레사를 만나 함께 카르멜 수도회를 개혁 하고자 했으나, 오히려 반대파들에 의해 수도원 감옥에 감금되어 비참한 생활을 보냈 다. 극적인 고통의 삶을 보낸 십자가의 성 요한은 신에 대한 사랑 그리고 그 사랑 이외 의 모든 것에 대한 과격한 부정을 설파했다. 신에 대한 사랑에 걸림돌이 되는 모든 것 에 대한 부정을 그는 '밤'이라는 상징으로 표현했다. 작품으로 『카르멜의 산길』 『어두운 밤』이 있다(옮긴이).

비밀의 나눔

바로 그러한 의미에서 가장 개인적인 것은 한 사람이 간직한 자신만의 비밀로 남아 있을 수 없다. 왜냐하면 가장 개인적인 것은 개인이라는 테두리를 부수고 나눔을 요구하며, 나아가 나눔 자체로 긍정되기 때문이다. 그 나눔에서 공동체가 비롯되고, 그 나눔은 공동체 안에서 이루어진다. 하지만 그것은 거기에서 이론화될 수도 있다. 이는 그것이 하나의 진리나 우리가 쥘 수 있는 대상이 되면서 나타나게 되는 위험이다. 그러나 장-뤽 낭시가 말하는 것처럼 공동체는 아무것도 쥘 수 없는 장소— 장소 없음—로서 유지되며, 아무런 비밀도 가질 수 없기에 더욱 비밀스러운 것이다. 공동체는 글쓰기 자체를 가로지르는 무위(無爲)만을 과제로 삼는다. 그 무위에서 최후의 침묵이 울려 퍼진다. 그 무위는 말의 모든 공적 · 사적 교환에서 모든 것이 결국 끝났음을 결코 확신할 수 없게 하는 최후의 침묵을 보존한다. 유한성이 군림하는 곳에서 종말은 없다.

우리는 앞서 공동체의 원리로서 실존의 미완성 또는 결여를 설정했었다. 이제 우리는 공동체가 '법열' 속에서 사라지는 위험에 처하게 되기까지 드높아지는 증거로 다음과 같은 것들을 갖고 있다. 공동체에 주어진 한계에서 이루어지는 공동체의 완성. 공동체가 부재와 아무것도 아닌 것에 이르게 되면서 최고 주권을 갖게 된다는 것. 그리고 공동체는 이제 유일하게 정당하지만 문학을 부당한 것으로 만드는 소통 가운데 계속 이어진다는 사실. (작품은 무위에 의해 지배되고 있지만 무위에 이르지는 못한다. 그러나 문학은 오직 무위를 긍정하기 위해 자신이 부당하다는 사실을 작품에서 뚜렷이 보여준다. 그때 그 문학의 부당성을 입증하는 소통을 통해 공동체가 계속 유지된다.) 공동체의 부재가 그룹들의 희망에 종지부를 찍는다. 반면 작품의 부재는 이제 작품을 필요로 한다. 작품이 무위의 매혹 아래에서 씌어질 수 있기 위해, 작품의 부재는 작품을 가정한다. 그 사실에서 전쟁에 의한 황폐화에 대응하는 동시에 한 시대를 마감하는 전회를 발견할 수 있다. 조르주바타유는, 『눈 이야기 *L'Histoire de l'œil*』와 『소비에 대한 시론 *Essai sur la dépense*』을 제외시켜 놓고 본다면, 그 이전에 썼던—아마 그의 기억에서 일부분 사라졌을—모든 것은 글쓰기의 요구에 부응하지 못하고 실패로 끝난 서곡에 불과했다고 종종 말했다. 그것은—밤의 소통(『마담 에드와르다』『어린아이 *Le Petit*』[29])을 수반하는—낮의 소통으로서 고통에 찬 일기(그것은 출판의 의도 없이 씌어졌다)에 적힌 메모들이다. 밤의 소통은 명백한 것이 될 수 없는 소통이며 존재하지 않는 작가의 권위에 의해서만 이루어질 수 있는 소통이다. 강요된 관계 바깥에서 각자 단수적(單數的)인 소수의 친구들은 자신들이 부딪히게 되어 있는 예외적 사건을 의식하면서, 함께 나누는 침묵의 독서를 통해 또 다른 형태의 공동체를 은밀히 구성한다. 그러한 사건을 담아낼 수 있는 어떠한 말도 없었다. 그것에 덧붙여질 수 있었던 어떠한 주석도 없었다. 기껏해야 하나의 암호(요컨대 출간되어 은밀히 유통되었던, 로르가 성스러운 것에 대해 쓴 대목), 각자가 마치 혼자 외로이 받았었던 것 같았던 말, 하지만 이전에 꿈꾸었던 '성스러운 결탁'을 다시 맺게 하지는 않았던 말, 오히려 고립을

---

29 바타유 자신의 자전적 이야기가 담겨 있는 일종의 자기 고백. 그는 루이 트랑트Louis Trente라는 가명으로 이 작품을 1943년에 발표했다—그 당시 거기에 출판사 이름이 적혀 있지 않았다. 그의 사후 1963년 장-자크 포베르Jean-Jacques Pauvert 출판사에서 그 재판이 나왔다. G. Bataille, *Œuvres complètes III*, Gallimard, 1971, p. 495 참조(옮긴이).

벗어나게 하지 않으면서 고립을 공동으로 체험하게 하고 (모르는 자에 대한) 미지(未知)의 책임성을 알리는 고독으로 심화시켰던 한마디 말이 있을 뿐이었다.

문학적 공동체

　　문학적 소통을 통해 이루어지는 이상적 공동체. 우연적 상황 들이 그 공동체를 이루는 데 기여했다. (돌발적 사태와 우연의 중 요성, 역사의 예기치 못한 변이(變移)와 만남의 중요성. 그 중요성 을 초현실주의자들, 그들 중 누구보다도 앙드레 브르통André Breton은 미리 간파했고 이론으로 표현하였지만, 그것은 설익은 것 이었다.) 필요하다면 테이블 하나에 덧없는 사건의 중요성을 의 식하고 있었던 일부 증인들과 독자들을 불러 모을 수 있다(그것 은 유대교의 유월절 행사에 서둘러 참석하는 자들을 연상시켰다). 그들을 한데 모이게 했으며 그들 거의 모두가 서로 다른 이유로 연루되어 있었던 우발적인 사건이 있었다. 그 사건은 그들로 하 여금 덧없는 사라짐의 확실성이 무엇인가를 경험하게 했던 분쟁 이 가져온 어이없는 문제와 관계가 있다. 그랬었다. 단수적 실존 들 사이에 있을 수밖에 없는 오해들을 거쳐 잠시 동안 어떤 공동 체의 가능성을 깨닫게 해주었던 무엇인가가 일어났지만, 그 공 동체는 이미 세워져 있었던 동시에 이미 유작(遺作)으로서만 존 재하는 것이었다. 결국 아무것도 존속되지 못하리라, 그러한 사 실이 심장을 조이게 만들리라. 그러한 사실이 또한 열정을 불러 일으켰으며, 이는 마치 글쓰기가 요구하는 지워짐이라는 시련과 같았다.

조르주 바타유는 내적 경험과 연관된 공동체에 대한 요구가 그의 눈앞이나 정신 앞에서 분명해지는 두 가지 계기에 대해 단순하게(아마도 지나치게 단순하게, 그러나 그는 그렇다는 것을 모르지 않았다) 언급했다. 그는 "내 친구들과 함께하는 나의 행동에 근거가 있으며, 내가 믿기에 각 인간 존재는 혼자 외로이 존재의 끝까지 나아갈 수 없다"라고 썼다. 이러한 단언은 **경험**〔**내적 경험**〕이 단독자에게서 이루어질 수 없다는 것을 함의한다. 왜냐하면 그것의 특성이 개체의 특수성을 깨뜨리는 데에, 개체가 타인에게로 노출되는 데에, 즉 본질적으로 타인을 위해 존재해야 하는 데에 있기 때문이다. 또한 "나의 삶이 나에게서 하나의 의미를 갖기를 원한다면, 나의 삶은 **타인을 위해** 의미를 가져야만 한다." 또는 "나는 한 순간도 내 스스로 극단에서 내 자신에게 도전하기를 그만둔 적이 없으며, 내 자신 그리고 내가 소통하기를 원하는 타자들 사이에 차이를 둘 수 없다." 그러한 말은 다음과 같은 애매함을 암시한다. 때로 그리고 동시에, 경험은 소통 가능해야만 그 자체로 남아 있을 수 있으며('극단으로 가기'), 경험은 그 본질에 있어 바깥으로의 열림 그리고 타인에게로의 열림이기에, 나와 타자 사이의 급진적 반대칭성의 관계를 유도하는 움직임이기에 소통 가능한 것이다. 그 열림, 움직임, 다시 말해 찢김과 소통.

따라서 이 두 가지 계기는 상쇄되면서 하나가 다른 하나를 가정하고 있지만 서로 별개의 것으로 분석될 수 있을 것이다. 가령 바타유는 이렇게 말한다. "내가 말하는 공동체는 니체 Nietzsche(그는 공동체에 대한 요구이다)의 실존의 사실에서 잠재적으로 존재했던 공동체이다. 니체의 독자들 각자는 그 공동체에서 빠져나오면서 — 다시 말해 놓여진 수수께끼를 풀지 못하면서—그것을 무너지게 만들었다." 그러나 바타유와 니체 사이에 커다란 차이가 있다. 니체는 이해받고자 하는 불타는 욕망을 갖고 있었지만, 또한 종종 오만하게도 받아들여지기에는 너무 위험하고 너무 고차원적인 진리를 자신 안에 지니고 있다는 확신을 갖고 있었다. 바타유에게 우정은 "최고 주권의 작용"의 일부를 이룬다. 『죄인 Le Coupable』[30]의 첫번째 장의 제목이 **우정**이었다는 것은 사소한 것이 아니다. 우정은 사실상 완전하지 못하게 정의되었다. 우정은 무너지기에 이른 자신에 대한 우정이다. 또한 우정은 나의 타자에 대한 우정이다. 우정은 나로부터 타자로 넘어가는 것이며, 필연적 불연속성에 기반을 둔 연속성에 대한 긍정이다. 독서—작품과 관계된 무위로서의 일—가 종종 취함에서 비롯된 현기증을 가져온다 하더라도 독서에 우정이 부재하지 않는다. "……나는 이미 많은 와인을 마셨다. 나는 늘 지니고 다니던 책에서의 한 구절을 읽어달라고 X에게 요구했고, 그는 그 것을 큰 목소리로 읽었다. 나는 너무 취해 있었고 더 이상 그 구절을 정확하게 기억하지 못한다. 그 자신도 나만큼 많이 마셨었다(내가 알기에 그보다 더 엄격한 단순성과 열정이 담긴 위엄을 갖고 읽는 사람은 아무도 없다). 술기운에 사로잡힌 사람이 그렇게 읽는다는 것이 하나의 도발적인 패러독스에 불과하다고 생각하는 것은 오류이리라…… 나는 우리가 대담한 자들, 즉 안일한 순진성에 사로잡힌 어린아이들 같지는 않았지만, —유혹 때문에—파괴적인 힘에 내맡겨진 자들이었기에 서로 묶여 있었다고 믿는다." 여기에 분명 니체의 보증을 받을 수 없는 점이 있다.

---

30 바타유의 저서. 1939년에서 1943년 사이에 쓰어졌으며 1944년 갈리마르Gallimard에서 출판되었다. 『죄인』은 『무신론 대전 La Somme athéologique』 제2부로 「할렐루야 L'Alleluiah」라는 서문과 함께 1961년 개정 증보판이 나왔다(옮긴이).

니체는 광기의 순간에만 자신을 비우며—붕괴시키며—, 보상을 위한 과대망상적 움직임에 따라 자신을 비우기를 계속한다. 바타유가 우리를 위해 묘사한 장면이 있다. 우리는 누가 거기에 참가자로 나타났는지 안다(하지만 이를 아는 것은 그다지 중요하지 않다). 그 장면은 출판을 염두에 두고 씌어진 것은 아니다. (하지만 거기에 익명의 자리가 보존되어 있다. 바타유와 대화를 나누는 자가 누구인지 명확히 나타나 있지 않으며, 또한 친구들도 그의 이름을 대고 있지 않다. 그러나 그는 알아볼 수 있게끔 드러나 있다—그는 친구 자체일뿐더러 우정 자체이다.) 그 장면에 대한 묘사 다음에 이러한 단언(그것은 다른 날 씌어졌다)이 이어진다. "어떤 신un dieu은 소일하고 있을 뿐이다." 그러한 비(非)-행동은 무위의 특성들 중의 하나이며, 취해서 하는 독서에서 드러난 것과 같은 우정은 장-뤽 낭시가 우리로 하여금 성찰하게 하는 '무위의 공동체communauté désœuvrée'의 형태 그 자체이다. 그러나 우리에게 거기에 머무르는 것이 허락되어 있지 않다.

나는 (언젠가) 그 문제로 다시 돌아갈 것이다. 하지만 그전에 독자란 **단순히** 그가 읽는 것에 대한 자유를 확보하고 있는 **한낱 독자가 아니라는** 사실을 되돌려보아야만 한다. 그는 요구되었고 사랑받았으며 아마 견딜 수 없는 자일 것이다. 그는 자신이 아는 것을 알 수 없지만, 자신이 아는 것보다 더 많이 안다. 비움에 스스로를 내맡기는 동반자, 그 자신 상실 가운데 있는 자. 동시에 일어나고 있기에, 그래서 그를 비켜가고 있는 것을 보다 더 잘 식별하기 위해 길 가장자리에 남아 있는 동반자. 이를 아마 다음과 같은 정열적인 문구가 대변한다. "나의 동료들이여! 내 친구들이여! 먼지 많은 창에 바람이 들지 않는 집과 같은, 감은 눈, 열려 있는 눈꺼풀." 그리고 약간 아래에, "나는 (너라고 말을 놓는) 그자를 위해, 그가 방금 읽은 것에 드러난 연민의 감정으로 쓴다. 그는 울어야만 할 것이며, 이어서 그는 웃을 것이다. 왜냐하면 그는 자기가 누구인지 알았기 때문이다." 그러나 그 다음에 이어지는 이러한 문장. "만약 내가 '누구를 위해 쓰고 있는지' 알 수— 그를 알아보고 발견할 수— 있다면, 상상하건대 나는 죽어가리라. 그는 나를 경멸할 것이며, 그것은 내가 받아 마땅한 것이리라. 그러나 나는 그의 경멸로 인해 죽지는 않을 것이다. 살아남은 자의 삶은 무거운 짐을 져야만 한다."[31] 그러한 사실은 겉으로 보아서만 모순적일 뿐이다. "누구를 위해 쓰고 있는지," 여기서 '누구'는 우리가 알 수 없는 자이다. 그는 모르는 자이며, 모르는 자와의 관계는 설사 글쓰기를 통한 것이라 할지라도 나를 죽음에 또는 유한성에 노출시킨다. 죽음, 그 안에 죽음을 진정시킬 어떤 것도 없는 죽음. 우정은 그래서 도대체 무엇인가? **우정, 친구도 없는 모르는 자에 대한 우정.** 더 나아가 우정이 공동체를 부른다면, 거기서 우정은 배제될 수 있을 뿐이다 **(모든 종류의 우정을 배제하는 글쓰기의 요구에 응답하는 우정).** 그러나 왜 '경멸'인가? "내가 받아 마땅한," 여기서의 '내'가 생생한 단수성을 갖고 있었다고 가정할 수 있다. 설사 그렇다 하더라도 여기서 '나'는 극단의 비천함으로, 즉 '나'를 '나'에게 걸맞은 자로 만들 단 하나의 수치의 경험으로 끌어내려져야만 할 것이다. 거기에 악의 최고 주권souveraineté du mal 또는 더 이상 나눌 수도 없고 영예조차 박탈당한 최고 주권이 있다. 거기에 경멸받음으로 드러나는 최고 주권, 삶 또는 생존을 가능하게 하는 하락의 길에 놓인 최고 주권이 있으리라. "위선자! 쓴다는 것, 솔

밝힐 수 없는 공동체

---

31 *Œuvres complètes*, Gallimard, tome V, p. 447.

직하게 진지하게 그리고 벌거벗은 채로 존재한다는 것, 어느 누구도 그럴 수 없다. 나는 그렇게 하기를 원치 않는다"(『죄인』). 동시에 같은 책 앞부분에서, "이 메모들은 마치 아리아드네의 실타래[32]처럼 나를 나의 동료에게 묶어놓는다. 그 나머지는 나에게 쓸데없는 것으로 보인다. 하지만 나는 내 친구들 중 어느 누구에게도 그 메모들을 읽게 하지 못할 것이다." 그러나 바타유의 개인적 친구들의 사적(私的)인 독서가 문제가 될 때 그러할 뿐이다. 따라서 진정 중요한 것은 모르는 자와의 관계를 전제하고 있으며 어느 누구도 겨냥하고 있지 않는 책의 익명성이다. 조르주 바타유가 (적어도 한 번은) "부정의 공동체, 어떤 공동체도 이루지 못한 자들의 공동체"라 부른 공동체를 다시 새로 세우는 책의 익명성이다.

심장 또는 법

우리는 겉으로 보아 방향성이 없어 보이는 그러한 메모들에서, '나'를 필요로 하는 한계 없는 사유의 한계가 최고 주권 속에서 깨져 나가기 위해 설정된다고 — 명백히 드러난다고 — 말할 수 있을 것이다. 또한 그 한계 없는 사유의 한계는 소통(공동체의 몰락을 거쳐 이루어지기에 나눌 수 있는 것이 아닌 소통)으로 열리기 위해 최고 주권의 상실을 요구한다. 거기에 (모든 이들의 '육화'로 여겨지는 단 하나의 인간의 과장된 말로 인해 항상 더럽혀져

---

32 아리아드네의 실타래. 미노스 왕의 딸 아리아드네는 테세우스에게 실타래를 주어 그가 괴물 미노타우로스를 죽이고 미궁에서 빠져나올 수 있도록 도왔다. 프랑스어에서 '아리아드네의 실타래fil d'Ariane'는 일상적으로 길잡이·단서를 의미한다(옮긴이).

온) 최고 주권을 부정하려는 움직임이 있다. 즉 불가능한 공동체(불가능한 것과 함께하는 공동체)를 통해 "소통의 근거를 불안정하게 만드는" 중대한 소통의 운(運)chance을 붙들려는 절망적이고 지고(至高)한 움직임이 있을 것이다. 그러나 '소통의 근거'는 필연적으로 말, 나아가 말의 근본이자 말의 구두점인 침묵일 필요가 없다. 그것은 죽음으로의 노출, 나의 죽음이 아닌 타인의 죽음으로의 노출이다. 죽어가는 타인의 더할 나위 없이 가까이 다가와 있는 살아 있는 현전은 참을 수 없는 영원한 부재, 아무리 애달파해도 사라지게 만들 수 없는 부재이다. 하지만 그러한 타인의 부재와 만나는 곳은 바로 삶 자체에서이다. 다시 말해 바로 타인의 부재—항상 미리 사라질 위험이 있는 기이한 타인의 현전—를 통해 우정은 이루어지며 매 순간 사라져간다. 우정, 관계 없는 관계 또는 어떤 기준으로도 가늠할 수 없는 관계 이외에 그 어떤 관계도 아닌 관계. 그 관계가 **진실한가** 아닌가를, 진정인가 아닌가를, 충실한가 아닌가를 자문할 수 있는 장소가 마련되어 있지 않다. 왜냐하면 그 관계는 당연히 유대의 부재 또는 비움의 무한을 미리 전제하기 때문이다. 따라서 우리 자신 자체인 모르는 자를 발견하게 하는 우정과 우리가 결코 홀로 외로이 겪어볼 수 없는("나 혼자 외로이 극단의 끝까지 갈 수 없다") 우리들 고유의 고독과의 만남이 있고, 있을 것이다.

"비움의 무한" "어떤 공동체도 이루지 못한 자들의 공동체." 여기서 아마 우리는 공동체에 대한 경험의 궁극적 형식과 접한다. 그 이후에 더 이상 아무것도 말할 수 없을 것이다. 남몰래 비밀 속으로 스스로 물러나야 하기 때문이 아니다. 공동체에 대한 경험은 망각되면서 알려져야 하기 때문이다. 만일 조르주 바타유가 (특히 전쟁 전에) 친구들로부터 버림받았다는 감정을 갖고 있었다면, 그 이후 그가 몇 달 동안(『어린아이』) 병 때문에 따로 떨어져 지낼 수밖에 없었다면, 그가 고독을 견디기에 무력했기에 어떤 점에서는 더 크게 고독을 경험했었다면, 그 이유는 공동체가 그를 고독으로부터 치유하기 위해 있는 것이 아니라 오히려 공동체가 그를 고독으로 노출시키는 방식을 제공한다는 것을 그가 너무나 잘 알고 있었기 때문이다. 고독으로의 노출, 그것은 우연이 아니며 박애의 심장과 같은 것이다. 심장 또는 법.

II. 연인들의 공동체

나는 임의적이라 보일 방법으로 마르그리트 뒤라스의 최근 소
설[33](하지만 날짜가 중요한 것은 아니다)을 따라가보려는 것 이외
에 별다른 의도 없이, 여기서 몇 가지 점에 대해 말해보려고 한
다. 우리의 세계(어느 누구의 것도 아니기에 우리의 것일 수 있는
세계)에서 존속되고 있고 나아가 증가하고 있는 공동체들은 망
각되지 않았다. 그러나 그 공동체들에서 아마 집요하게 나타나
고 있지만 거의 확실히 포기된 '공동체에 대한 요구'는 망각되었
다. 그 점을 우리의 사유는 지금까지 문제 삼았다. 그렇지만 어
쨌든 나는 지금 뒤라스의 소설(그 소설은 소설 자체로 만족스럽고
완벽하며 결정적인 것이다)이 그러한 우리의 사유로 다시 이끌리
라 확신하고 있는 것은 아니다.

68년 5월

마치 사회적으로 받아들여지거나 바람직할 것이라 여겨진 형식
들을 뒤집어엎는 축제와 같은 급작스런 만남 속에서, 68년 5월

---

33 Marguerite Duras, *La maladie de la mort*, Éditions de Minuit.

은 아무 계획 없이, 아무것도 도모하지 않고 **급진적 소통**에 대한 긍정(긍정의 일반적 형태를 넘어선 긍정)이 있을 수 있음을 보여주었다. 급진적 소통, 다시 말해 계급·나이·성(性)·문화의 차이에 대한 구별 없이 처음 본 사람들과 어울릴 수 있게 했던 열림. 그때 처음으로 만난 사람은 마치 이미 사랑받았던 자와 같았다. 왜냐하면 그는 모르는 사람이었지만 가까운 자였기 때문이다.

'아무 계획 없이.' 거기에 질서 없는 질서를 표방하고 불특정 전문가들이 행세를 했던 여러 다양한 '위원회들'에서조차 포착되거나 존속되거나 정착될 수 없는 하나의 사회 형태가 갖는 특성이 있었다. 바로 거기에 불안하게 하는 동시에 풍요를 약속하는 듯한 하나의 사회 형태의 특성이 표현되어 있었다. '전통적 혁명'에서와는 달리, 단지 하나의 권력을 다른 하나의 권력으로 대치하기 위해 찬탈하는 것도, 바스티유Bastille·겨울궁le Palais d'hiver·엘리제궁l'Élysée·국민의회l'Assemblée nationale와 같은 어떤 목표물을 점령하는 것도, 나아가 구세계를 전복하는 것도 문제가 아니었다. 각자를 고무시켰던 **말할 자유**에 기초한 박애에 따라, 모두의 평등에 대한 권리를 증명하는 **더불어-있음** être-ensemble의 가능성을 모든 실리적 관심 바깥에서 드러내는 것이 문제였다. 각자는 뭔가 말할 것이, 때로 (벽에) 써야 할 것이 있었다. 그런데 무엇을? 그것은 거의 중요하지 않았다. 말함 le Dire이 말하여진 것le dit을 능가했다. 시(詩)는 일상적인 것이었다. 제약이 없었다는 점에서 '즉각적' 소통은 소통 그 자체와의 소통 이외에 다른 것이 아니었다. 설사 투쟁들·토론들·논쟁들이 있었다 하더라도 말이다. 하지만 거기에서 계산적 지성보다 오히려 순수한(어쨌든 경멸도, 거만함도, 비열함도 담고 있지 않은) 열정이 표현되었다. 바로 그렇기에 권위는 무너지거나 차라리 무시되었고, 어떠한 이데올로기도 되살려 제창할 수 없는 공산주의가 한 번도 경험되지 않은 방식으로 선언되었다. 어떠한 개혁의 진지한 시도도 없었으며, 다만 어떤 결백한 현전(결백하기에 극도로 기이한 현전)만이 있었을 뿐이다. 그 현전은 권력을 잡고 있었던 자들의 분석을 비껴 나갔는데, 그들의 눈에 그것은, 사회학에서의 전형적인 표현에 따른다면, **난장판의 가장행렬**로 여겨졌을 뿐이다. 즉 그들의 눈으로 보면, 그것은 지휘 체제 내에서 어떠한 지시도 내리지 못하면서 설명할 수 없는 자체 와해를 바라볼 수밖에 없었던 그들 자신의 혼란 상태가 카니발 식으로 배가된 결과로 여겨졌고 비방의 대상에 지나지 않았다.

결백한 현전, "공동의 현전commune présence"(르네 샤르 René Char)은 그 자체의 한계를 무시하면서 어떠한 배제도 거부한다는 점에서, 그리고 그 자체 매개되지 않은 직접적 보편으로서 불가능한 것에 대한 도전(단 하나의 도전)의 의식이라는 점에서 정치적이다. 그러나 그 현전에는 공식적 기관들의 힘에 좌우되어 결정된 정치적 의지가 나타나 있지 않았다. 우리는 공식적 기관들에 대한 반발을 금지했었다. 바로 그러한 반작용réaction의 부재(니체가 그 영감의 원천으로 여겨질 수 있을 것이다)에 따라 우리는 제어하고 맞서 싸우기 쉬웠던 적들의 시위가 전개되도록 내버려두었다. 모든 것은 받아들여졌다. 적을 알아볼 수 있다는 것이, 어떤 특별한 형태의 적의를 새겨 넣는다는 것이 불가능했다. 그 사실이 결말을 재촉했고 결말에 생동감을 주었지만, 그 결말은 아무런 결말도 기다리지 않는 결말이었다. 반면 사건이 일어났었다. 사건? 하지만 그것이 일어났었던가?

민중의 현전

그러므로 미래로 이어지지 않기에 현재도 갖지 않는— 유토피아를 순간 즉각적으로 실현시키는— 현전에 모호함이 있었고, 여전히 있다. 다시 말해 그 현전은 시간을 일상적 시간의 한정 너머로 열릴 수 있게 하기 위해 유예된 채 남아 있다. **민중**의 현전présence du peuple? 이 민중이라는 자기 만족적인 말에 의존한다는 데 이미 오류가 있다. 그 말을 어떤 특정 정치적 결정에 관여하는 사회적 힘들의 집합으로 이해해서는 안 된다. 그 말을 어떠한 권력도 떠맡기를 본능적으로 거부하는 민중이라는 의미에서 이해해야 한다. 그 말은 자신에게 떠맡겨졌을지도 모를 권력과 혼동되는 것을 절대적으로 경계하는 민중이라는 의미에서, 따라서 민중의 **무력**(無力)impuissance**의 선언**에서 이해되어야만 한다. 따라서 증가일로의 위원회들[68년 5월의 위원회들](그에 대해 나는 이미 언급했었다)이 보여주었던 애매함에 대해 생각해볼 수 있다. 그 위원회들은 조직의 부재를 존중하면서 조직의 부재를 조직화했지만 "무수한 익명의 군중들과 자발적 시위에 참가한 민중들"(조르주 프렐리Georges Préli[34])과 달라서는 안 되었다. 행동 없는 행동 위원회가 된다는 것의 어려움. 개인·주체로서가 아니라 익명적·비인칭적 박애의 움직임에 참여한 시위자로서 거기에 있어야 한다는 요구에 **우정**(전제조건 없는 동지애)으로 응답하기 위해, 과거의 우정을 부인하는 친구들의 회합이 된다는 것의 어려움.

'민중'의 현전, 규정되지 않기 위해 **아무것도 하지 않기를** 받

53 아 ㄷ 여인들의 공동체

---

34 Georges Préli, *La force du debors*, Encres, Éditions Recherches.

아들이는 민중이 한계 없는 힘 가운데 갖는 현전. 나는 그 현전을 보여주는 예로 한 시기 — 항상 현재적일 수밖에 없는 시기 — 에 일어나 지고의 광대함을 보여주었던 이 사건보다 더 명백한 것이 없다고 생각한다. 샤론Charonne의 사건.[35] 샤론에서 죽었던 자들의 장례 행렬에 침묵의 무리들은 함께 모여 부동 가운데 있었다. 그 무리들의 크기는 가늠할 수 없는 것이었는데, 왜냐하면 거기에 더할 수 있는 것도 뺄 수 있는 것도 없었기 때문이다. 다시 말해 그 무리들 전체는 헤아리거나 셀 수 있는 것이 아니었다. 그들 전체는 닫힌 전체성이 아니라, 전체성 너머의 완전성 가운데 조용히 군림하면서 거기에 있었다. 최고의 힘, 왜냐하면 그들은 약해지는 것을 느끼지 못하고, 잠재적이지만 절대적인 무력과 함께하고 있었기 때문이다. 그 절대적 무력을 상징하기 위해 그들은 더 이상 거기에 있을 수 없었던 자들(샤론에서 살해당한 자들)을 대신해 계속 거기에 있었다. 다시 말해 무한이 유한성의 부름에 응답하였다. 무한이 유한성을 부정하면서 유한성의 뒤를 이었다. 나는 거기에 우리가 그 성격을 정의할 수 있는 공동체와는 다른 형태의 공동체가 있었다고 믿는다. 공산주의와 공동체가 결합되는 동시에 즉시 그 자체 사라지는 과정에서 실현되는 한 순간, 그러나 그렇게 실현된다는 것을 알 수 없는 한 순간이 있었다고 믿는다. 지속되어서는 안 된다. 지속이 어떠한 것이든 거기에 들어가서는 안 된다. 그것이 이 예외적인 날 이해되었다. 어느 누구도 해산 명령을 내릴 필요가 없었던 것이다. 셀 수 없이 많은 자들이 모일 수밖에 없었던 필연성과 같은 필연성에 따라 우리는 헤어졌다. 남아 있는 자 없이, 노스탤지어에 사

---

35 알제리 전쟁 당시에 알제리 독립을 지지하던 시위대를 진압하는 과정에서 9명의 군중이 파리의 샤론 지하철역에서 살해된 사건(옮긴이).

로잡혀 전투 집단으로 남아 있기를 열망하면서 진정한 시위를 변질시키는 일당들의 그룹이 형성되는 일 없이, 우리는 즉각적으로 헤어졌다. 민중은 지속 가운데 존재하지 않는다. 민중은 거기에 있다. 그러나 민중은 더 이상 거기에 있지 않다. 민중은 자신을 지속적으로 고정된 것으로 만들려는 모든 구조들을 무시한다. 민중은 현전과 부재, 아니면 현전과 부재의 섞임, 적어도 잠재적으로 뒤바뀔 수 있는 현전과 부재이다. 그러한 점에서 민중은 자신을 알아보지 못하는 권력의 소유자들에게 두려운 존재인 것이다. 민중은 포착되도록 스스로를 내버려두지 않는다. 민중은 사회적 현실의 와해를 통해 드러나지만, 동시에 민중은 법에 의해 한정될 수 없는 최고 주권을 통해서 사회적 현실을 재창조하려 하는 비순응적 집요함 가운데 존재한다. 최고 주권은 법에 의해 한정지어질 수 없다. 왜냐하면 최고 주권은 법의 기반으로 스스로를 유지하면서 법을 거부하기 때문이다.

연인들의 세계

오해되기 쉬운 말인 민중(그것을 Volk로 번역해서는 안 된다)으로밖에 달리 부를 수 없는 자는 무력(無力) 가운데에서 힘을 갖고 있다. 반면 **친구들**과 **커플들**은 언제나 깨지기 쉬운 이질적 결합이나 반사회적 사회를 이루고 있다. 양자 사이에 어떠한 수사학적 농락에 의해서도 없앨 수 없는 심연이 분명히 있다. 그러나 양자를 구별하는 특성들이 또한 양자를 결합시킨다. 민중은 국가가 아니다. 또한 민중은 일정한 기능과 결정력과 법을 갖추고 고유의 목적을 필요로 하는 사회가 육화된 형태도 아니다. 우리는 특히 민중을 신성화하는 것을 피해야 한다. 반면 정적(靜的)이고 움직이지 않는 어떤 현전, 장소 없는(유토피아) 전체 공간을 잠시 점유하는 어떤 현전이 있다. 그 현전은 회집한다기보다는 항상 급박성 가운데 흩어져 나간다. 동시에 일종의 메시아주의가 그 현전의 자율성과 **무위**를 선포한다(그 현전을 우리가 그 자체로 내버려두는 한에서 그러한데, 그렇게 하지 않는다면 그것은 곧바로 변질될 것이고 곧 폭발해 힘의 체계가 되어버릴 것이다). 그에 따라 인간에게 민중이 존재하게 된다. 민중은 "익명의 힘 가운데에서의 메마른 고독"(레지 드브레Régis Debray)과 일체가 되어 신Dieu의 서출(庶出)로서 신의 백성을 대신한다고 여겨질 수 있다(이스라엘의 자식들이 떠나야 한다는 사실을 잊은 채 출애굽을 위해 함께 모였을 때와 유사성이 있다). 그러나 정확히 그러한 '메마른 고독'을 통해, 마찬가지로 우리는 조르주 바타유가 "연인들의 진정한 세계"라 불렀던 것에 가까이 다가가는 것이다. "사회적 끈이 은밀하게 느슨해진 상태"를 전제할 때 세계를 망각한 "연인들의 진정한 세계"가 있을 수 있다. 바타유는 일반적 사회와 이 "사회적 끈이 은밀하게 느슨해진 상태" 사이에 대립이 있다는 것을 감지하고 있었다. 〔연인들의〕 세계에 대한 망각, 다시 말해 인간 존재들 사이의 지극히 단수적(單數的)singulier 관계에 대한 긍정, 사랑이 그 관계에서 필요하지 않다는 사실에 대한 긍정. 왜냐하면 사랑은 결코 확실한 것이 될 수 없으며, 사랑의 불가능성의 형태에 이르는 강박적 순환을 요구할 수 있기 때문이다. 또는 "사랑에 있어서의 지성"(단테Dante)을 상실한 자들의 막연한, **고통으로 남아 있을 수 없는** 번민. 하지만 그들은 어떠한 격한 정념을 통해서도 다가갈 수 없는 유일한 존재들을 향해 여전히 나아가고 있다.

죽음을 가져오는 병

바로 그 번민을 마르그리트 뒤라스는 '죽음을 가져오는 병la maladie de la mort'이라 불렀는가? 수수께끼 같은 제목에 이끌려 내가 이 책을 읽기 시작했을 때, 나는 그 물음에 대답하지 못했다. 나는 운 좋게도 항상 대답하지 못할 것이다. 그 사실 때문에 나는 마치 처음인 듯 이 책을 읽고 해석한다. 이 책은 그에 대한 해석을 명료하게 유도하는 동시에 모호하게 만들기도 한다. 또는 반대로 이 책에 대한 해석이 이 책을 명료하게 밝혀주는 동시에 모호하게 만들기도 한다. 먼저, 홀로 비밀을 간직하고 있는 것 같은 키르케고르Kierkegaard로부터 아마 왔을 이 제목, **죽음을 가져오는 병**은 무엇을 의미하는가? 한 번 발설되고 나면 모든 것이 말해지지만, 사실 우리는 무엇을 말해야 할지 모르게 된다. 지식이 부족해서 그런 것이 아니다. **죽음을 가져오는 병**, 그것은 진단인가 아니면 선언인가? 이 제목의 간결함 속에 어떤 과도함이 있다. 그 과도함은 악(惡)의 과도함이다. (도덕적 또는 물리적·자연적) 악은 언제나 과도한 것이다. 악은 그에 대한 물음을 허락하지 않는 참을 수 없는 것이다. 초과 가운데에서의 악, 즉 '죽음을 가져오는 병'으로서의 악은 의식적 또는 무의식적 '나'에 국한되어 연관되지 않으며, 먼저 타자와 관계한다. 그리고 타자— 타인 —는 결백한 자, 아이, 그 신음을 마치 '전대미문의' 추문처럼 울려 퍼지게 하는 아픈 자이다. 왜냐하면 타자는 내가 응답할 능력이 없음에도 불구하고, 나를 응답하도록 내몰면서, 이해를 초과하기 때문이다.

이렇게 말해놓고 우리는 앞에 놓인, 보다 정확히 말해 과제로 부과된 텍스트를 제쳐놓을 수 없게 된다 — 왜냐하면 그것은 소설의 외양을 띠고 있지만 소설이 아니며 하나의 선언서이기 때문이다. 모든 것은 최초의 '당신Vous'에 의해 결정된다. "당신"은 권위적인 자 그 이상이며, 가혹한 운명에 내던져진 자에게 일어나거나 일어날 수 있는 일을 초래하고 결정한다. 여기서 '당신'은 무(無)로부터 인물을 일시적으로 구현해야 하는 배우에게 지시 사항을 주는 연출가의 '당신'이라고 손쉽게 말할 수 있을 것이다. 그렇다, 하지만 그 연출가를 최고의 연출가로 이해해야만 한다. 말하자면 '당신'은 저 높은 곳에서 와서 우리가 영문도 모르는 채 겪어야 하는 예정된 모사(謀事)의 대략을 예언적으로 알리는 성경적(聖經的) 당신이다.

"당신은 그녀를 알지 못했어야 하며 동시에 도처에서 만났어야만 한다. 어떤 호텔에서, 어떤 거리에서, 기차에서, 어떤 술집에서, 어떤 책에서, 어떤 영화에서, 당신 자신 안에서……"[36] '당신'은 그녀에게 결코 한 번도 자신을 알리지 못하며, 그녀에 대해 아무런 힘이 없다. 그녀는 특정 인물이 아니고, 알 수도 없고, 비현실적이다. 그런 점에서 그녀는 수동적이고 소유할 수 없는 여자이며, 정지되어 있고 영원히 일시적일 수밖에 없는 자신의 현전 가운데 부재한다.

처음 읽었을 때 우리는 이렇게 설명할 것이다. 그것은 간단하다──동류만을, 즉 오직 자신의 복수화된 형태에 지나지 않는 다른 남자만을 알던 한 남자가 돈을 주고 계약에 의해 며칠 밤을 한 여자와 관계를 맺는다. 그러한 사실 때문에 여기서 창녀에 대해 말하고 있다고 성급하게 판단할는지 모르지만, 사실 그녀는

---

36 그 책[뒤라스의 『죽음을 가져오는 병』]에서 따온 모든 인용은 내가 강조했다. 그렇게 함으로써 나는 어떤 목소리의 특성을 부각시키기를 원하지만 그 기원은 우리에게 잡히지 않는다.

스스로 창녀가 아니라고 명확히 밝힌다. 어떤 계약—단순히 계약에 의한 관계(결혼·돈)—이 있었다. 하지만 계약이 이루어진 이유는, 사랑할 능력이 없는 그가 조건에 의해서만, 즉 매매계약에 따라서만 자신에게 접근할 수 있다는 것을 그녀가 처음부터 명확히 알지는 못했지만 꿰뚫어 보았기 때문이다. 이에 따라 그녀는 겉으로는 완전히 자신을 내맡기지만, 양도할 수 없는 자유를 보존해 스스로에게 남겨두며, 계약에 의해 주어야 할 부분만 넘겨준다. 그로부터 관계의 절대성이 처음부터 변질되었으며, 시장 사회에서 물론 교섭이 있을 수 있지만, 진정한 '공동체'나 상거래(설사 여기서 상거래가 있을 수 있는 최고의 '고상한' 행동에 따라 이루어진다 하더라도) 이상의 교제란 결코 있을 수 없다고 결론 내릴 수 있을는지 모른다. 하지만 힘에 의한 관계에서 지배당하는 자는, 무력함만을 보여주는 권력에 의해 좌절당하는 자는 바로 돈을 지불하면서 거느리는 자이다.

그러한 무력함은, 성적으로 결합할 수 없는 한 여자 앞에서 무너져가는 한 남자의 그렇고 그런 무력함이 아니다. 그는 그가 했어야 할 모든 것을 했다. 그녀는 그 사실을 간결하고 단호하게 이렇게 말한다. "당신은 그것을 했어요." 나아가 그는 "방심 상태에서" 쾌락의 비명을 지르기도 한다. "그의 숨결 가운데 멀리서 들려오는 쾌락의 은밀한 으르렁거림." 심지어 그는 그녀가 "행복해요"라고 말하게까지 만든다. 그는 (스스로의 판단에 따르면) 초과의 움직임을 감당할 아무것도 갖고 있지 않다. 따라서 그 움직임은 그에게 부적절한 것으로 여겨진다. 그는 그 움직임을 제어해서 없었던 것으로 만들려고 하는데, 왜냐하면 그것이 적나라하게 펼쳐지는(드러나는) 삶의 표현이기 때문이다. 한편 그는 원래 그러한 삶으로부터 항상 배제되어 있었다.

그러므로 감정과 사랑의 결핍이 바로 죽음을, 즉 한 사람은 이유 없이 걸려 있고 다른 한 사람은 걸려 있지 않은 치명적인 병을 드러낸다. 그러나 어쨌든 그녀는 그 죽음을, 그 치명적인 병을 알리는 자이며, 그렇기에 책임에서 벗어나 있지 못하다. 그러한 결론으로 텍스트가 우리를 이끌기는 하지만, 그것은 설명될 수 있는 주어진 것만 따르고 있기에 실망스러운 결론이다.

이 텍스트는 불가사의한데, 그 이유는 오직 그것이 더 이상 줄일 수 없는 것이기 때문이다. 거기에는 간결성을 넘어 압축성이 있다. 각자는 인물들에 대해, 특히 젊은 여자에 대해 어떤 관념을 마음대로 가질 수 있을 것이다. 그녀는 현실에 적응하기를 넘어서 압도적으로 홀로 군림한다. 그렇게 그녀의 현전-부재가 드러난다. 어떤 점에서는 홀로 존재하는 그녀는 이렇게 묘사된다. 그녀를 건드려봤다고 믿으면서 그녀를 손안에 품고 있는 아무것도 모르는 자의 시선 아래에서, 그녀는 젊고 아름답고 개성적이다. 그런데 잊어버리지 말자. 그녀는 그에게 첫번째 여자이며, 따라서 그녀는 현실보다 그녀를 더 아름답게 만드는 이미지 속에서 모두에게 첫번째 여자이다. 그녀는 자신의 현존재(거기 있음 être-là)의 특성을 고정시키기 위해 부과된 모든 수식어를 넘어 바로 거기에 있는 여자이다. 이러한 단언이 남아 있지만, 그것은 조건부로만 진실이다. **"그 육체는 길게 뻗어 있었을 것이며, 단 한 번의 흐름에, 마치 신 자신에 의해 우연히 만들어진 완벽함과 함께 단번에 주조된 것 같았다."** "마치 신 자신에 의해," 그녀는 이브 또는 릴리스Lilith[37]이지만 이름 없는 여자이다. 그녀가 익명

---

37 유대교에서 종종 릴리스는 아담의 첫번째 부인으로 여겨진다. 릴리스는 아담에게 남녀 사이의 동등한 관계를 요구하다 쫓겨나 악마의 자식을 낳게 된다. 릴리스는 흔히 가부장적 질서에 도전하는 여성을 상징한다(옮긴이).

이기 때문이라기보다는,[38] 어떤 이름이 자신에게 어울리기에는 지나치게 독자적이기 때문이다. 두 가지 특성에 따라 그녀는 어떠한 현실적인 것에 의해서도 제한될 수 없는 현실성을 갖게 된다. 그녀의 첫번째 특성은, 그녀가 전혀 자신을 방어하지 않는 가장 약한 존재, 가장 부서지기 쉬운 존재라는 것이다. 그녀는 마치 얼굴을 드러내듯이 자신의 육체를 끊임없이 제공해서 자신을 노출시킨다. 얼굴은 그 절대적 가시성 가운데 비가시적으로 명백히 나타난다. 그에 따라 얼굴은 살해 욕구를 불러일으킨다 (**"목조르기, 강간, 학대, 모욕, 증오에 찬 비명, 완전하지만 치명적인 정념의 분출"**). 그러나 연약하고 부서지기 쉽기 때문에 그녀는 살해당할 수 없다. 그녀는 자신을 범접할 수 없는 존재로 규정하는 금지 명령에 따라 변함없이 헐벗음 속에서 자신을 보존한다. 그녀의 변함없는 헐벗음에서 가장 가까운 것이자 가장 먼 것인 다가갈 수 없는 바깥의 내밀성이 있다(**"당신은 이 자태를 보고, 그 악마의 힘**〔릴리스〕[39]**과 역겨울 정도의 부서지기 쉬움과 연약함과, 동시에 비길 데 없는 연약함이 갖는 보이지 않는 힘을 발견한다"**).

그녀를 거기 있도록 그리고 거기 있지 않도록 만드는 그녀의 현전의 또 다른 특성은 이것이다. 그녀는 거의 항상 잠만 잔다. 그녀는 말하면서도, 스스로 제기할 힘이 없는 물음을 던지면서도, 타자의 마지막 운명을 결정하는 '죽음에 이르는 병'을 최후에 결정적으로 판정하면서도 계속 잠만 잔다. 그러나 여기서 죽음은 와야 할 어떤 것이 아니라, 원래 항상 지나가버린 것이다. 왜냐하면

---

38 뒤라스의 『죽음을 가져오는 병』에서 남자 주인공의 경우와 마찬가지로 여자 주인공의 이름 또한 주어져 있지 않다(옮긴이).

39 '릴리스'를 저자는 뒤라스의 소설, 『죽음을 가져오는 병』의 한 문장에 덧붙었다. 그렇게 하면서 저자는 바로 앞에서의 릴리스에 대한 언급을 환기시키고 있는 것처럼 보인다. 릴리스는 악마의 자식을 낳은 최초의 여자이다(옮긴이).

여기서 죽음은 한 번도 현재에 전개된 적이 없는 삶에 대한 포기이기 때문이다. 다음과 같은 사실을 이해해보자(만일 우리도 모르게 수긍하는 것보다 이해하는 것이 관건이라면). 우리는 이러한 진리, 정녕 진부한 이 진리를 마주하지 못한다. 나는 살아 있었던 적이 없이 죽는다는 것. 다시 말해 나는 살아서 죽는 것 이외에, 즉 내 자신에게로 쪼그라들어 감지 불가능한 결핍 속에서 미리 상실된 삶인 죽음을 무시하는 것 이외에 한 번도 다른 일을 한 적이 없이 죽는다. (그것이 아마 헨리 제임스Henry James[40]가 『정글의 짐승La bête dans la jungle』이란 소설에서 다룬 주제일 것이다. 마르그리트 뒤라스는 그 소설을 번역하였고 연극 무대에 올리려 했다. **"그는 자신에게 아무것도 일어나서는 안 되는 그러한 남자였다."**)

"방에서 그녀는 잔다. 그녀는 잔다. 당신(그를 대변하고 있는 바로 당신, 법에 앞서는 의무에 따라 남자를 입증해주거나 지지하고 있는 바로 가혹한 당신)[41]**은 그녀를 깨우지 않는다. 그녀가 계속 자고 있는 동안 동시에 방에서 불행은 커져만 간다…… 그녀는 한결같이 잠 속에 빠져 있다."** 방해받지 않아야 하며 그 이유를 알아봐야 하고, 그녀의 삶의 방식인 불가사의한 잠. 여전히 우리는 그녀에 대해 아무것도 모른다. 다만 그녀의 현전–부재가 있을 뿐이다. 그녀의 현전–부재는 바람 사이에서, 남자가 그녀에게 묘사해 보여주는 바다 부근에서 드러난다. 바다 부근의 흰빛은, 그녀의 삶의 무한정한 공간이고 그녀의 거주처이자 그녀의 순간의 영원성을 보여주는 그 거대한 침대의 흰빛과 구별되지 않

---

40 헨리 제임스(1843~1916) : 현대 영미 문학을 대표하는 작가들 중의 한 사람. 미국 문화와 유럽 문화의 차이에 대해 탐색하였다. 유럽에서도 매우 중요한 작가로 평가받는다. 대표작으로 『유럽인들』 『보스턴 사람들』 『나사의 회전』 등이 있다(옮긴이).
41 저자는 괄호 안의 말을 인용된 뒤라스의 문장에 삽입시켰다(옮긴이).

는다. 물론 여기서 프루스트의 알베르틴Albertine을 떠올릴 수 있다. 졸음에 빠져 들어간 화자는 알베르틴이 잘 때 그녀에게 가장 가까이 접근할 수 있다. 왜냐하면 거짓과 삶의 저속성으로부터 그녀를 막아주는 거리가 이상적(理想的)인 소통을 약속해주기 때문이다. 그 이상적인 소통은 사실 다만 이상적이기만 하다. 왜냐하면 그것은 관념의 덧없는 아름다움과 덧없는 순수성에 국한된 소통에 지나지 않기 때문이다.

　그러나 알베르틴과는 반대로—하지만 우리가 밝혀지지 않은 프루스트의 숙명에 대해 생각해본다면, 아마 알베르틴처럼—, 젊은 여자는 가까이에서 자신을 내맡기며, 또한 가까이에서 영원히 멀리 떨어져 있다. 하지만 그녀가 가까이 있다는 것은 믿기 어려운 것이다. 그녀는 다른 유(類)와 다른 종(種)이 갖고 있거나 절대 타자가 갖는 차이 가운데에 있다. ("당신은 죽은 자들의 육체의 우아함만을, 당신의 동류들이 가진 우아함만을 알 뿐이다. 그러나 죽은 자들의 육체의 우아함이 있고, 극도의 연약함에서 나와서 지금 여기에 나타난 우아함이 있다. 그것은 단 한 번의 몸짓으로 무너질 수 있지만 바로 이 절대적 힘을 갖고 있는 우아함이다. 양자 사이의 차이가 갑자기 당신에게 나타난다. 이어서 당신은 바로 거기 그녀 안에서 죽음을 가져오는 병이 유발되며, 바로 당신 앞에 드러나 있는 이 자태가 죽음을 가져오는 병을 선고한다는 사실을 발견할 것이다.") 이 생소하게 느껴지는 대목에서 우리는 갑자기 다르게 읽고 해석하기에 이른다. 말하자면 '죽음을 가져오는 병'에 책임이 있는 자는 다만 여성적인 것을 무시하거나 여성적인 것을 알지만 알지 못하는 남자만이 아니다. 즉 그 병은, 거기에 있으면서 그 존재 자체로 병을 선고하는 그녀 안에서 또한(또는, 먼저) 유발된다.

그러한 의문점에 대해 좀더 살펴보기로 하자(그러나 여기서 살핀다는 것은 밝힌다는 것이 아니다). 우리 모두는 이런저런 방식으로 그 병과 싸우고 있다. 그러나 독자의 입장에서 또는 더 나쁘게 설명하는 자의 입장에 서서 우리가 마치 그 병에서 스스로 깨끗이 나은 것처럼 믿고 그 의문점을 남김없이 밝히려 할 때, 그것은 더 깊어져가기만 할 것이다. 그 남자 안에 있는 '당신'이 그가 해야만 하는 것을 결정한다. 그 남자의 고유한 점은 분명 끊임없이 '함faire'에만 묶여 있는 데에 있다. 물론 우리는 그렇게 말할 수 있다. 사실 그 여자는 잠들어 있고, 환대하고 봉헌하고 감수하는 수동성 가운데 있다. 그녀는 극도의 피로 속에서 홀로 그 수동성을 대변한다. 반면 전혀 묘사되지도 않고 보이지도 않는 그는 항상 분주하며, 자신이 불행 가운데 쳐다보고 있는 육체 앞에서 항상 자신의 과제에 몰두해 있다. 그는 전체성 가운데 포착될 수 없는 그 육체를 전체적으로 보고자 하고 그 모든 면들을 보려고 한다. 하지만 그는 그럴 수 없다. 그는 명령을 내려 그녀를 포착할 수 있는 전체 또는 무한을 통합하는 총체 가운데 두려고 하고, 그녀를 통합 가능한 유한으로 환원시키려고 한다. 그러나 그녀는 그의 명령에서 벗어나 있다. 그러한 한에서 그녀의 자태는 '닫혀 있는 형태'로 남는다. 아마 거기에 항상 미리 패배할 수밖에 없는 전투의 의미가 있을 것이다. 그녀는 자지만, 그는 자기를 거부한다. 그에게는 휴식을 취할 줄 아는 참을성이 결여되어 있다. 그는 무덤에서조차 기약할 수 없는 깨어남을 기다리며 눈을 뜨고 있으리라. 만일 파스칼의 말이 진실이라면, 이 두 주인공들 중 절대에 보다 부합하고 보다 더 가까이 다가가 있는 자는 바로 쉼 없는 탐색 가운데 사랑하기를 시도하고 있는 남자라고 우리는 단언할 수 있다. 그는 그 절대를 찾지 못하면서 찾는다. 그녀는 그의 이기주의가 비정상 상태에서 심화되고 있는 것만을 본다(이는 아마 그녀의 성급한 판단일 것이다). 사실 그 역시 자기 고유의 비정상 상태로부터 벗어나지 못하고 있다. 그러나 적어도 이렇게 될 수 있기를. 그가 자신으로부터 벗어나기를 악착같이 시도할 수 있기를. 자기 고유의 무감각을 감지하고 울음을 헛되이 쏟을 수 있는 선물이 그에게 주어질 수 있기를. 하지만 그녀는 이렇게 무미건조하게 대답한다. **"당신 자신을 위해 우는 그 버릇을 버리세요, 그것은 괜한 수고일 뿐이에요."** 반면 모든 것의 비밀을 알고 있는 것같이 보이는 지고한 '당신'은 이렇게 말한다. **"당신은 사랑하지 못하기에 운다고 믿고 있지요. 그러나 당신은 죽음을 군림하게 하지 못하기에 우는 거예요."**

따라서 이 두 운명 사이의 차이란 어떤 것인가? 한 사람은 자신에게 거부된 사랑을 뒤쫓는다. 반면 은총에 따라 사랑을 위해 존재하는 다른 한 사람은 사랑의 모든 것을 알고 있으며, 사랑의 시도 가운데 무너져가는 자들을 판단하고 비난한다. 그녀는 자신의 입장에서 (계약에 의해) 사랑받는 데 자신을 바치지만, 결코 수동성을 넘어서 한계 없는 정념에 이르는 능력의 표시를 내비치지는 않는다. 아마 양자 사이의 이 반대칭성 앞에서 독자는 탐색을 멈출 수밖에 없다. 왜냐하면 이 반대칭성을 작가 또한 알아차리지 못했기 때문이다. 거기에 탐색할 수 없는 불가사의가 있다.

윤리와 사랑

그 반대칭성은 나와 타인의 윤리적 관계에서의 비상호성irré-ciprocité을 나타내는, 레비나스Levinas가 말하는 반대칭성과 같은 것인가? 그 윤리적 관계에서 나는 결코 타인과 평등하지 않다. 그 불평등을 이러한 인상적인 말이 표현한다. 타인은 나보다 언제나 신(이름할 수 없는 것에 붙여진 이 이름에 우리가 어떤 의미를 부여하건 간에)에 더 가까이 다가가 있다. 그러나 이는 확실하지 않으며 진실로 명백하지도 않다. 만일 사랑이 윤리를 따르지 않는 종류의 것이고 오히려 윤리를 문제 삼는 종류의 것이라면, 아마 사랑은 윤리의 걸림돌이 될 것이다. 마찬가지로 『성경』의 여러 진술에서 남성과 여성 사이에서 인간을 나누는 일은 문젯거리로 나타난다. 비제Bizet까지 기다릴 필요도 없이, 우리는 "사랑은 결코 어떤 법도 알지 못한다"는 것을 잘 알고 있다. 원시적 야만은 금기를 모르기에 금기를 위반하지도 못한다. '난교'(횔덜린 Hölderlin)는 온당하거나 온당치 않은 모든 사회적 관계를 교란시키고 제삼자의 개입을 거부한다. 그 원시적 야만이나 '난교'로 돌아간다는 것은 상호성이 지배할 '나와 너' 둘만의 사회에 만족할 수 없다는 것이다. 그것은 차라리 창조 이전의 혼돈 상태, 끝없는 밤, 바깥, 근본적 동요를 부른다는 것이 아닌가(파이드로스에 의하면, 그리스인들에게서 사랑은 카오스만큼이나 오래된 것이다)?

여기에 이러한 대답의 시작이 있다. **"당신은 어떻게 사랑의 감정이 솟아날 수 있냐고 물었다. 그녀는 당신에게 대답한다. 아마도 우주의 논리 속에 갑작스럽게 균열이 생김으로써. 그녀는 말한다. 예를 들어 실수로. 그녀는 말한다. 결코 의지로는 아닌."** 하나의 지식일 '수' 없는 이 지식에 만족해보자. 그 지식이 알려주는 바는 무엇인가? 이해를 위해 필요한 동질성 ─ 동일자에 대한 긍정 ─ 가운데 이질적인 것이, 즉 절대 타자Autre absolu가 갑자기 나타나야만 한다는 것이다. 절대 타자가 개입된 모든 관계에서 사실 관계는 부재하며, 넘을 수 없는 것을 의지, 나아가 욕망désir

으로도 넘어간다는 것이 불가능하게 된다. 은밀하고 갑작스런 (시간 바깥의) 만남은 치명적인 감정과 함께 무효화된다. 결코 확실한 것이 될 수 없는 그 치명적인 감정에 따라 타자로 향하는 움직임 가운데 있는 자는 '자아'를 박탈당하게 된다. 사실 치명적인 감정은 모든 감정 너머에 있다. 치명적인 감정, 즉 파토스를 무시하고 의식과 자아에 대한 염려 너머에서 발생하며, 요구될 수 없는 것을 부당하게 요구하는 감정. 나의 요구 가운데에서 나의 요구의 만족 그 너머가 있을 뿐만 아니라 또한 요구 그 너머가 있다. 그러한 격화, 즉 삶의 과정에 포함될 수 없는 과도한 삶은 항상 존재에 집요하게 집착하려는 열망을 좌절시키고, 끝없는 죽어감 또는 끝나지 않는 '실수'가 가져오는 기이함과 마주하게 한다.

우리는 **"어디서 사랑의 감정이 솟아날 수 있는가"**라는 늘 반복되는 물음을 던졌고, 그에 대해 **"아마도 우주의 논리 속에 갑작스럽게 균열이 생김으로써…… 예를 들어 실수로…… 결코 의지로는 아닌"**이라고 대답했다. 이제 그 대답에 **"모든 것에서…… 죽음으로의 접근 자체에서"**라는 신탁에 의한 궁극적 응답을 덧붙일 수 있다. 따라서 죽음이라는 말, 죽음을 가져오는 병이라는 말은 두 가지 의미[42]를 나타낸다. 그것은 때로는 좌절된 사랑, 때

---

42 많은 것들을 단순화시킨다면, 우리는 여기서 프로이트가 말하는 갈등을 다시 확인할 수 있다. 프로이트(매우 풍자적으로 본 프로이트)에 의하면, 승화된 것이든 아니든 갈등은 동성애의 경향 때문에 그룹을 만들었던 남자들(SA〔Strum Abteilung, 나치 돌격대원〕들)과 사랑—항상 '엄습해오고 극단적이며 두려운' 외곬의 사랑—의 진실에 대해 말할 수 있었던 여자 사이에 암묵적이거나 명시적으로 드러난다. 동일자나 비슷한 자들의 복제인 그 그룹이 차이들로부터 자라나는 진정한 사랑을 파괴한다는 것을 여자는 알고 있다. 일반적인 인간들의 그룹, 즉 가장 문명화되었으며 문명화되었다고 자임하는 그룹은 "이질적인 것·새로운 것·비약적인 것보다는 동질적인 것·반복된 것·연속적인 것에 어느 정도 더 가치를 부여하는 경향이 있다." 그러나 여자는 사회적 끈의 평온한 연속성을 교란시키는 '침입자'이며 금기를 알지 못한다. 여자는 밝힐 수 없는 것에 연결되어 있다. 그로부터 우리는 프로이트를 따라 죽음의 두 가지 측면에 대해 알 수 있다. 문

로는 완전하고 단순한 사랑의 움직임을 가리킨다. 그리고 양자는 모두 심연을, 즉 '벌려진 다리'(여기서 어떻게 『마담 에드와르다』를 생각하지 않을 수 있단 말인가[43]) 사이의 현기증 나는 공허가 드러내는 검은 밤을 부른다.

트리스탄과 이졸데

그러므로 자기 나름대로 말하고 있는 소설에 끝이란 없다. 이야기가 이제 더 이상 남아 있지 않을 뿐이며, 다만 하나의 결말이, 아마 진정 상태가, 아마 최종 판결이 있을 뿐이다. 왜냐하면 젊은 여자는 어느 날 더 이상 거기에 있지 않을 것이기 때문이다. 놀랍지 않은 사라짐, 왜냐하면 그녀가 사라졌다는 것은 잠 속에서만 드러났던 어떤 나타남이 이제 그 최종 한계에 이르렀다는 것 이외에 아무것도 아니기 때문이다. 그녀는 이제 더 이상 거기에 있지 않다. 너무나 알아차릴 수 없게, 너무나 절대적으로, 그렇기에 그녀의 부재는 그녀의 부재 자체를 말소시킨다. 그에 따라 그녀를 찾는다는 것은 헛된 일이 되며, 마찬가지로 그녀를 다

명이 자기 보존을 위해 결정된 동질적인 것에서 벗어나 무질서로 향하는 한(최대에 이른 엔트로피), 죽음의 충동은 문명 가운데 작동한다. 그러나 이질적인 것 · 유일무이의 타자성 · 법 없는 폭력이 여자들의 주도와 동조로 에로스와 타나토스를 결합시키면서 끝까지 군림할 때, 죽음의 충동은 그에 못지않게 마찬가지로 작동하고 있다(Eugène Enriquez, *De la horde à l'Etat* 참고).

43 "벌려진 다리." 뒤라스의 원문은 다음과 같다. "그녀는 두 다리를 벌렸고 그 벌려진 다리 사이의 파인 곳에서 당신은 결국 검은 밤을 본다. 당신은 말한다. 거기에 검은 밤이 있다. 그것은 거기에 있다"(M. Duras, *La maladie de la mort*, pp. 52∼53). 저자는 뒤라스의 소설의 이 대목과 바타유의 『마담 에드와르다』에서 에드와르다가 '나'를 만나 다리를 벌리는 장면(G. Bataille, *Madame Edwarda*, *Œuvres complètes III*, Gallimard, 1971, pp. 20∼21) 사이의 유사성을 말하고 있는 것 같다(옮긴이).

시 알아본다는 것이 불가능해지고, 그녀가 단순히 이미지로 존재했었다는 생각에 그녀를 다시 만날 수 있다고 보더라도 고독을 제거할 수 없게 된다. 그 고독에서 유언(遺言)의 중얼거림이 무한정 들려온다. 유언, 즉 죽음을 가져오는 병을 알리는 유언. 이어서 이러한 최후의 말이 있다. (그러나 그것은 최후의 말인가?) **"매우 빨리 당신은 포기한다. 당신은 도시에서도, 밤에도, 낮에도, 더 이상 그녀를 찾지 않는다./ 하지만 그래서 당신은 그 사랑을 겪어볼 수 있었던 것이다. 당신을 위한 단 하나의 방법으로, 그 사랑이 찾아오기도 전에 그 사랑을 잃어버리면서."** 이러한 결론은 아마 어떤 특수한 경우의 사랑의 실패를 말하는 것이 아니다. 이러한 결론은 그 놀라운 압축성 가운데 우리가 한 번도 가져보지 못했던 것을 잃어버리면서 이루어질 수밖에 없는 모든 진정한 사랑의 완성을 말한다. '나'와 '타자'는 같은 시간에 살고 있지 않고, 한 번도 (공시성〔共時性〕synchronie 가운데) 같이 있지 못하며, 따라서 동시적(同時的)으로 있을 수 없다. '나'와 '타자'는 (설사 결합되어 있다 하더라도) 이미 '더 이상 아닌'과 짝을 이루는 '아직 아닌'에 따라 분리되어 있다. 라캉Lacan은 (아마 정확한 인용은 아니겠지만) 욕망한다는 것은 우리가 갖고 있지 않는 것을 그것을 원치 않는 어느 누구에게 주는 것이라 말하지 않았던가? 그러한 사실은 사랑을 기다림과 향수──너무 안이하게 심리학의 영역으로 환원될 수 있는 용어들──의 형태로만 겪을 수 있다는 것을 의미하지 않는다. 반면 여기서 문제가 된 관계는 사라짐과 나아가 세계의 붕괴를 전제하고 있으며, 따라서 **세계 내적**이지 않다. 이졸데의 말을 기억해보자. "우리는 세계를 잃어버렸으며, 세계는 우리를 잃어버렸다." 또한 서로 사랑하는 두 사람의 모델인 트리스탄과 이졸데의 이야기가 재현하는 사랑의 관계에서조차, 상호성은, 단순한 상호 평등과 더불어 타자가 동일자에 정초되는 것을 허락하는 단일성과 대립된다는 것을 기억해보자. 이는 다음과 같은 사실을 예상하게 한다. 정념은 그에 사로잡힌 자들이 갖고 있는 힘과 구도 나아가 그들의 '욕망'에서 벗어나 있으며 가능성 자체에서 벗어나 있다. 그러한 점에서 정념은 기이함 그 자체이고, 그들이 할 수 있는 것과 원하는 것을 고려하지 않는다. 정념으로 인해 그들은, 서로를 서로에게 낯선 자로 만드는 내밀성 가운데에서, 각자 스스로에게 낯선 자가 되는 기이한 상황으로 이끌린다. 그러므로 마치 죽음이 그들 안과 그들 사이에 있기나 한 것처럼 그들은 영원히 분리되어 있는가? 아닐 것이다. 분리되어 있는 것도, 분열되어 있는 것도 아닐 것이다. 다만 그들은 접근 불가능한 것 가운데에서, 무한한 관계 아래에서 접근 불가능하게 될 뿐이다.

그 사실을 나는 세부 묘사가 없는 이 소설에서 읽는다. 이 소설은 불가능한 사랑(그 근거야 어떤 것이든, 불가능한 사랑)에 대해 말하고 있다. 한편 여기서 레비나스가 우리에게 밝혀준 윤리의 제1언명에 대해 생각해보자. 그것은 헐벗음으로 인해 모든 존재 위에 놓이게 된 자에 대한 주목, 즉 타인에 대한 무한한 주목을 요청한다. 그것은 우리가 책임성으로 인해 급박하게, 강제로, 의존된 자나 '볼모otage'나 플라톤이 말했던 모든 비굴함의 형태 너머의 노예가 될 수 있다는 것을 말한다. 이 소설에서의 불가능한 사랑을 그 윤리의 제1언명에서 드러난 관점 하에 유추에 따라 해석할 수 있다. 반면 이러한 물음이 있을 수 있다. 도덕은 법이며, 그에 반해 불가능한 사랑의 정념은 모든 법에 도전하는가? 분명 레비나스는 그의 몇몇 주석가들에 반대해 그렇다라고 말하지 않았다. 레비나스에 의하면, 타자를 항상 동일자로 환원시키는 존재론은 윤리에 자리를 양보해야만 하고, 존재론 이전의 관계가 긍정되어야만 한다. 자아는 타자를 인정하고 타자를 통해 스스로를 인정하는 데에 만족하지 않아야 한다. 더 나아가 자아는 한계와 다함이 없는 초과의 책임성 가운데 타자에게 응답해야 한다. 그때마저 자아가 타자에 의해 의문에 부쳐져 있다고 느끼게 되는 그러한 관계가 긍정되어야 한다. 그 경우에만 윤리의 가능성이 있다. 따라서 책임성 또는 책임의 강제는 법으로부터 유래하지 않는다. 책임성은 일반 규정이 될 수 없다. 책임성은 일반 규정이 주어지기 위해 필요한 모든 형태의 합법성으로 환원될 수 없다. 오히려 법이 책임성을 어떠한 형식화된 언어로도 진술될 수 없는 예외 또는 비(非)-일반으로 선언한다. 그렇다면 반대로 법이 책임성으로부터 유래한다.[44]

목숨을 건 도약

책임의 강제에 따른다는 것은 법의 이름 아래 참여한다는 것이 아니다. 만일 자유가 자발성과 혼동되는 것이라면, 책임의 강제는 자유와 존재 이전의 것이다. 나 자신으로부터 추방당하고 나

---

44 잘 알려진 신비주의적 관점에 따라, 법을 세계 창조 2천 년 이전에 창조된 것으로 여길 수 있다. 뿐만 아니라 신이라는 이름 붙일 수 없는 자와의 관계 하에 법이 세계의 창조를 미완성으로 남겨두기는 했지만 그 창조에 기여했다고 여길 수 있다. 그때 우리는 법의 초월성과 그 탁월한 힘으로부터 그렇게 성급하게 벗어날 수 없을 것이다. 그러나 이러한 반전이 있을 수 있다. 법이 그 자체로 신성시되어 무한한 검토의 대상이 되지 않고 그 실행을 위해 요구되는 정교한 가르침 아래에 놓이지 않는다면, 인간이 우상숭배로부터 벗어나도록 하기 위해 주어진 법(신과 인간 사이의 계약)이 또 하나의 우상으로 떨어질 위험이 있다. 여기서 정교한 가르침이라는 것도 필요불가결한 것일 수 있다. 그러나 그렇다 하더라도, 모든 검토가 어긋나고, 타인을 구원하는 일이 법에 항상 선행하는 법의 실행이 되는 급박한 시간에, 그것 역시 최우선적인 것이 될 수는 없다.

자신으로부터 한계에서 축출당하라는 요구가 있을 수 있다. 만약 그 요구를 거부할 수 있는 자유가 나에게 남아 있다면, 나는 타인으로부터 이미 자유롭지 않은 것이다. 그렇다면 정념이란 무엇인가? 정념은 다시 만날 가능성이 없어 보이기에 우리를 더 이끄는 타자로 우리를 향하게 하고, 그에 따라 그것은 우리 뜻에 거슬러 치명적인 방법으로 우리를 구속한다. 그만큼 타자는 우리가 중요하게 생각하는 모든 것 너머에 있다.

트리스탄은 이졸데와의 결합의 흔적을 지상에 남기지 않기 위해 그녀의 침대 위로 뛰어 올라간다. 트리스탄의 이 경이로운 행동이 상징하는 사랑에서 분명히 이루어지는 도약은 또한 윤리적 단계 특히 종교적 단계로 고양되기 위해 필요한 '목숨을 건 도약'이다. 키르케고르가 말하는 '목숨을 건 도약'은 이러한 물음 앞에서 구체화된다. '한 인간은 진리의 이름으로 스스로에게 죽음을 부과할 권리가 있는가?' 진리의 이름으로? 그렇기에 문제가 야기된다. 그것도 타인을 위하여, 타인을 돕기 위하여? 대답은 이미 플라톤에게 있다. 그는 파이드로스의 입을 빌려 단순함이 갖는 힘으로 이렇게 말한다. "의심스러운 일이 아니다. 오직 서로 사랑하는 자들이 타인을 위한 죽음에 동의한다." 또한 알케스티스의 예를 들어보자.[45] 그녀는 남편을 죽음의 선고로부터 벗어나게 하기 위해 완벽한 부드러움으로 그의 자리를 대신한다(이는 진정 '타자를 위한 나l'un pour l'autre' '대속[代贖]substitution'이다). 그에 대해 디오티마(그녀는 여성으로서 그리고 이방인으로서 사랑에 대한 최상의 지식을 갖고 있다[46])는 알케스티스가 남편

---

45 알케스티스는, 아폴론이 운명의 신에게 간청한 결과로 병에 걸려 죽게 된 남편 아드메토스를 대신해 죽음을 자정했던 여인이다(옮긴이).

46 디오티마는 실재 인물인지 확실하지 않다. 하지만 디오티마는 『향연』에서 소크라테스에

을 **위해서**가 아니라, 숭고한 행동을 통해 죽음 후에도 자신을 불멸의 존재로 만들어줄 명성을 얻기 위해서 죽음을 자처했다고 지체 없이 말할 것이다. 왜냐하면 알케스티스가 사랑하지 않았기 때문이 아니고, 불멸성 이외에 사랑의 다른 목적이 없기 때문이다. 여기서 사랑은 비약을 통해 최고로 높은 정신성에 이르기 위한 변증법적 방법으로 제시된다. 이에 따라 우리는 우회의 길 가운데 놓이게 된다.

탐욕스러운 공허와 간교한 계략의 아들인 플라톤적 사랑이 갖는 중요성이 무엇이건 간에, 우리는 파이드로스의 견해가 반박되지 않았다고 느낀다. 사랑은 죽음보다 강한 것이다. 사랑은 죽음을 막을 수는 없지만 죽음이 드러내는 한계를 초월한다. 타인을 돕는 것이 문제가 될 경우, 사랑은 죽음의 힘을 제거한다(이 무한의 움직임은 타인으로 향해 있으며, 그것이 가져오는 긴장 가운데에서 '자아'를 배려할 수 있는 시간은 없다). 사랑에 영광을 돌리면서 동시에 죽음에 영광을 돌리기 위해서가 아니라, 반대로 삶을 끊임없이 타자를 위한 것이 되게 만들지만 아무 영광도 없는 초월성을 삶에 부여하기 위해서.

그렇다고 나는 윤리와 정념이 서로 혼동될 수 있다고 말하지 않는다. 정념에는 자발성과 **노력**conatus을 쓸데없는 것으로 만들지는 않지만 파괴를 가져오는 거역하기 힘든 움직임이 있다. 말하자면 정념에는 과도한 자발성과 노력이 파괴로 이어지는 움직임이 남아 관여하고 있다. 또한 사랑한다는 것은 당연히 단 하나의 타자를 그 자체로서가 아니라 다른 모든 타자들을 가리고

게 에로스가 무엇인가를 가르쳐준 신비한 여성으로 등장한다. 디오티마는 사실 알케스티스와 아드메토스에 대해 언급했다. 알케스티스는 사랑을 위해 "영원한 시간에서의 불멸의 영광"을 위해 죽음을 결심한 사람들 중 하나로 묘사된다(옮긴이).

무화시키는 유일한 자로서 염두에 둔다는 것이다. 적어도 그렇게 덧붙여야만 하지 않는가? 과도가 사랑의 유일한 척도인 것이며, 폭력과 밤의 죽음은 사랑의 요구에서 빠질 수 없는 것이다. 그러한 사실을 마르그리트 뒤라스는 이렇게 되돌려본다. **"연인을 죽이고 싶기까지 한 갈망, 모든 법과 모든 도덕의 지배적 힘에 거슬러서 연인을 오로지 당신만을 위해 간직하고 싶은 갈망, 당신은 그러한 갈망을 모르시나요……?"** 아니, 그는 그러한 갈망을 모른다. 그로부터 이러한 가차없는, 멸시에 찬 판결이 나온다. **"죽은 사람이란 참 신기하군요."**

　그는 더 이상 대답하지 않는다. 그리고 나는 그를 대신해 대답하는 것을 삼가겠다. 만일 대답해야 한다면, 다시 그리스인들에게로 돌아가 이렇게 중얼거려야만 하리라. 나는 당신이 누구인지 안다. 당신은 영혼의 (또는 미소년에 대한) 사랑에만 만족하는, 천상 또는 우라노스[47]의 아프로디테가 아니다. 당신은 그가 태어나도록 육체들과 나아가 여자들을 원하는 지상 또는 세속의 아프로디테도 아니다. 또는 이렇게 말할 수도 있다. 당신은 다만 전자인 것만도 아니고 후자인 것만도 아니다. 당신은 가장 적게 언급된, 가장 두려운 아프로디테, 그렇기에 가장 사랑받은 세번째 아프로디테이다. 다른 두 아프로디테와 떨어져 있지 않고 그 둘 뒤에 숨어 있는 아프로디테. 크노티우스[땅의 사람], 지옥 또는 지하의 아프로디테, 죽음에 속해 있는 아프로디테.[48] 이 아프로디테는 그녀가 선택하거나 스스로 선택받은 자들을 죽음으로 이끈다. 우리가 여기서 본 대로, 그녀는 자신이 태어난(끊임없이 태어나고 있는) 바다와 영속의 잠을 부르는 밤을 결합시킨다. 이

47 땅의 여신 가이아의 아들로서 하늘의 남신(옮긴이).
48 Sarah Kofman, *Comment s'en sortir?*, Galilée 참고.

어서 연인들이 불가능한 요구에 응답하면서 서로가 서로를 위해 죽음의 산개(散開) 앞에 놓일 수 있도록 하기 위해서, 그녀는 '연인들의 공동체communauté des amants'에 침묵의 명령을 내린다. 연인들이 마주한 죽음의 산개, 여기서 죽음은 원칙적으로 어떠한 영광도, 어떠한 위안도, 어떠한 구원도 주지 않는다. 이 죽음에 견줄 만한 어떠한 또 다른 사라짐도 있을 수 없다. 그러나 예외는 글쓰기에 기입되어 있는 사라짐이다. 사라짐이 글쓰기에 드러난다. 이때 글쓰기의 표류(漂流)인 작품은 항상 **과제를 수행한다는 것**[작품을 만든다는 것]faire œuvre을 미리 포기한다는 것이다. 작품은 모두를 위한 말이자 각각을 위한 말이기에 어느 누구를 위한 것도 아닌 말, 즉 언제나 도래해야 할 무위의 말이 울려 퍼지는 공간을 다만 가리킬 뿐이다.

> 불멸이란 독에 의해
> 여자의 정념이 완성된다.
> (마리나 츠베타에바,[49] 「오르페의 유리디체」)

전통적 공동체, 선택적 공동체

연인들의 공동체. 나는 이러한 낭만적인 제목을 이 책의 한 부분에 붙였다. 하지만 나는 거기서 동등한 나눔의 관계에 대해서도, 확실히 정해져 있는 연인에 대해서도 말하지 않았다. 그렇다면 그 낭만적인 제목은 모순이지 않는가? 물론이다. 그러나 아

---

49 Marina Tsvetaieva(1894~1941) : 러시아의 여성 시인으로 독일 낭만주의와 마야코프스키의 영향을 받았다(옮긴이).

마 그 모순은 우리가 **공동체**라는 이름으로 지시하고자 하는 것이 상궤에서 벗어나 있다는 사실을 다시 확인시켜줄 것이다. 또한 어렵기는 하지만 전통적인 공동체와 선택적 공동체를 구분해야 할 필요가 있다. (첫번째 공동체는 결정의 자유와 상관없이 우리에게 주어진다. 그 공동체는 하나의 사실로서 사회성을 구성하며, 나아가 땅·피·인종에 대한 찬양의 근거가 된다. 그러나 두번째 공동체는? 그것이 구성원들이 결정과 하나의 선택을 거쳐 모여야만 존재할 수 있다는 의미에서 우리는 그것을 선택적이라 부른다. 선택이 없다면 이 공동체는 있을 수 없다. 하지만 그 선택은 자유로운 것인가? 또는 적어도 그 선택의 자유는 이 공동체의 진리인 동등한 나눔을 표현하고 긍정하기에 충분한 것인가?) 그에 따라 마찬가지로 우리는 연인들의 공동체라고 모호함 없이 말할 수 있는가라는 의문을 던져볼 수 있다. 조르주 바타유는 이렇게 썼다. "만약 서로가 서로를 찾는 존재들의 경련적인 움직임이 끊임없이 이 세계를 가로지르고 있지 않았다면……, 이 세계는 거기서 태어난 자들을 우롱하는 모습을 가지고 있었을 것이다." 그러나 세계에 가치를 부여하기 위해 요구된 이 '경련적인' 움직임이란 도대체 무엇인가? 사회에서 사회를 형성하고, 사회로부터 합법적 사회 또는 부부의 사회라고 인정받을 권리를 주는 사랑(그것이 행복한 것이든 불행한 것이든)인가? 또는 어떠한 이름도 — 사랑이라는 이름도 욕망이라는 이름도 — 거부하는 어떤 움직임인가? 인간 존재들을 일반 사회로부터 끄집어내 육체와 마음과 생각으로 (둘씩 또는 나아가 집단적으로) 서로가 서로를 향해 스스로를 내던지도록 끌어당기는 어떤 움직임인가? 첫번째 경우(그것을 지나치게 단순화시켜 부부의 사랑이라 정의해보자)라면, 분명 "연인들의 공동체"는 자신을 특징짓는 것(즉 배면에 '끔찍한 초과'[30]를 감추고 있는 그 공동체의 비밀)을 버리고 지속될 수 있도록 특정 공동 집단과 타협하여 자신의 요구를 완화시키게 될 것이다. 두번째 경우라면, 연인들의 공동체는 어떠한 전통적 형식도, 어떠한 사회적 승인도, 설사 그것이 가장 관용적이라 할지라도, 더 이상 염두에 두지 않을 것이다. 그러한 관점에서라면, 유곽 또는 유곽을 대신하는 곳, 그리고 사드의 성(城)조차 사회를 흔들리게 할 수 있는 주변을 이루지 못한다. 그 반대일 것이다. 왜냐하면 그러한 특수한 장소는 금지되어 있을수록 더 허가된 장소로 남을 것이기 때문이다. 마담 에드와르다가 우리의 세계 나아가 모든 세계를 버릴 수 있는 이유는, 그녀가 자신의 성기를 자기 존재의 가장 신성한 부분으로 노출시키면서 자신을 결국 진부한 방식으로 노출시키고 있기 때문이 아니다. 오히려 그 이유는 노출로 인해 그녀는 포착 불가능한 단수성(單數性)singularité에 들어가게 되며 (정확히 말해 우리는 그녀를 더 이상 포착할 수 없다), 따라서 그녀는 노출을 통해 자신을 감추고 있기 때문이다. 마찬가지로 그 이유는 그녀를 순간 무한의 정념으로 사랑하게 된 남자와의 은밀한 합의 하에, 가장 신성한 존재 또는 모든 동화(同化)를 거부하는 절대와 관계하고 있다는 것을 모르며 앞으로도 결코 모를 최초로 온 남자(택시운전사[51])에게 그녀가 자신을 내어주기(그러한 점에서 그녀는 희생을 상징한다) 때문이다.

---

50 바타유는 과격하게 이렇게 쓴다. "규칙적 부부관계에 대한 막연한 혐오 아래 그것〔끔찍한 초과〕이 이미 감추어져 있다."

51 『마담 에드와르다』에서 '나'는 에드와르다와 유곽에서 나와 함께 택시를 탄다. 택시 안에서 에드와르다는 '나'의 방조 아래 운전사와 난교를 벌인다(옮긴이).

사회의 붕괴, 무감각

연인들의 공동체의 궁극적 목적은 사회를 붕괴시키는 데에 있다. 그들이 원하든 아니든, 달갑게 여기든 아니든, 그들이 우연에 따라 맺어졌든, 또는 '광적인 사랑'이나 죽음의 정념(클라이스트Kleist[52])에 따라 맺어졌든, 그들 공동체의 궁극적 목적은 거기에 있다. 서로를 위해 존재하거나, 또는 그렇지 않은 두 인간 존재들이 간헐적으로 공동체를 형성하는 곳에, 어떤 전쟁 무기가 있다. 보다 정확히 말해 그곳에, 아무리 대수롭지 않은 것이라 할지라도 우주 무화(無化)의 위험을 초래할 수 있는 재난의 가능성이 있다. 바로 그러한 견지에서 마르그리트 뒤라스가 사로잡혀 있었고, 그녀 자신이 한번 관심을 갖게 된 후 어쩔 수 없이 연루되어 있었던 '시나리오'에 대해 생각해보아야만 한다. 두 인간 존재, 우리의 두 등장인물은 설사 분리되어 있는 것처럼 보이고 기쁘지도 행복하지도 않지만 단수성에 대한 희망을 대변한다. 하지만 그 희망은 그들이 다른 어떤 누구와도 나눌 수 없는 것이다. 그들이 단순히 갇혀 있기 때문이 아니다. 그녀가 그에게 드러내 보여준 죽음, 바로 그가 구현하고 있는 죽음과 함께 그들이 갇혀 있기 때문이다. 그리고 그 죽음은 그녀가 그로부터 받고자 하는 하나의 타격과 같은 것이다. 말하자면 그것은 그녀가 헛되이 기다리고 있는 정념의 기호와 같은 것이다. 나눌 수 없는 향락을 위해 우연히 만난 여자와 결합되었을 때조차 여성적인 것과

---

52 하인리히 폰 클라이스트Heinrich von Kleist(1777~1811) : 독일의 작가. 대담한 지적 성향과 과격한 격정으로 독특한 작품을 썼지만, 대중들로부터 외면당하는 불운을 겪었다. 작품으로 『깨진 항아리』(괴테와 공저), 『케첸 폰 하일브론』 『헤르만의 전투』 등이 있다(옮긴이).

영원히 분리되어 있었던 한 남자를 무대에 올리면서, 마르그리트 뒤라스는 어쨌든 안이하게 연인들의 낭만적 결합을 형상화해서는 안 된다고 간파했었다. 뒤라스는 연인들이 자기(磁氣)에 이끌려 이루는 회합 그 너머를 표현해야만 했다. 설사 서로를 발견하고자 하는 관심에 의해서라기보다는 자신을 상실하려는 욕구에 의해 맹목적으로 이끌렸던 연인들이 문제가 된다 하더라도 말이다. 한편 사드는 정념의 진부한 유희에 따라 여러 우발적 결과들이 생겨날 수 있다는 것을 자신의 상상을 통해 (또한 자신의 삶 자체를 통해) 보여주었고, 뒤라스는 그것들 중 하나를 재현하기에 이른다. 즉 그녀는 **무감각**·무감정과 감정의 빈 곳 그리고 모든 형태의 무기력이 연인들에게 가져온 하나의 결과를 보여준다. 그러한 것들은 인간 존재들 사이의 관계를 방해할 뿐만 아니라 그 관계를 무감성(無感性)의 궁극적이고 (이런 표현이 가능하다면) 열광적 형태인 죄악으로 물들게 한다. 그러나 마치 비밀을 들춰내기 위해서 그러는 것처럼 우리가 펼쳐보고 다시 펼쳐보는 이 소설에서, 죽음은 부름을 받았고 동시에 평가절하되었다. 왜냐하면 이 소설에서 무력(無力)은 지나치게 한계지어진 것으로 나타났든지, 아니면 반대로 사드 자신도 몰랐던 과도한 것으로 나타났든지, 바로 거기에까지 이르지 못하기 때문이다.

여기 그 방에서, 다른 사람들에게는 닫혀 있지만 자연으로 열려 있는 폐쇄된 공간에서, 며칠 밤으로 추정되는 무한정한 시간 동안 각각의 밤은 모두 끝없는 밤이며 두 인간 존재들은 오직 실패를 경험하기 위해 (어떤 점에서는 찬양하기 위해) 결합되기를 시도한다. 하지만 실패는 그들의 완벽한 결합이 가져온 진실이며, 또한 이루어지지 않으면서 항상 이루어지는 이 결합에서의 착각을 드러낸다. 그러한 사실에도 불구하고 그들은 **공동체**와 같은 어떤 것을 형성하는가? 바로 그러한 사실 때문에 오히려 그들은 어떤 공동체를 형성한다. 그들은 서로가 서로의 곁에 있다. 하지만 그러한 그들의 근접성은 모든 종류의 공허의 내밀성을 거쳐 나온 것이다. 그에 따라 그들은 근접해 있지만 '융합과 연합을 위한' 공모에서 비롯되는 희극을 연출하지 않는다. 감옥과도 같은 공동체, 한 사람이 다른 한 사람의 동의 하에 조직한 공동체에서 문제가 되는 것은 물론 사랑의 시도이다. 이 무(無)를 위한 사랑의 시도 자체. 그들을 자신들도 모르게 고무시키며 서로 헛되이 접촉하도록 유도하는 이 아무것도 아닌 것 이외에 결국 어떠한 다른 목적도 갖지 않는 시도. 기쁨도 증오도 아닌, 고독의 향락, 고독의 눈물, 준엄한 자신 너머로 향하게 하는 압력. 그리고 결국 단 하나의 최고 주권, 죽음이라는 최고 주권. 죽음, 떠도는 죽음, 부를 수는 있지만 나눌 수는 없는 죽음, 우리로 하여금 죽지 못하게 만드는 죽음. 어떠한 힘도 갖고 있지 못하고 어떠한 효력을 가져오지도 못하며 어떠한 과제도 남기지 않는 죽음. 그러나 그 죽음은 하찮은 것을 내어준다. 그 하찮은 것 가운데 그 죽음은 네가 "연결되어 있기를 받아들이는 결국 단 하나의 삶, 즉 표현 불가능한 삶"(르네 샤르)의 매혹을 간직하고 있다. 황혼에서 여명까지 한때, 이 공간에서 두 인간 존재는 타자에게 자신을 완전하고 전체적이고 절대적으로 노출시키는 것 이외에 다른 존재 이유를 갖고 있지 않다. 그들 공동의 고독이 그들 자신의 눈이 아니라 우리 눈에 드러나게 하기 위해 그들이 타자에게 노출되고 있는 이 공간에서 어떻게 찾지 않을 수 있단 말인가? 그럴 것이다, 어떻게 거기서 "부정의 공동체, 어떤 공동체도 이루고 있지 못한 자들의 공동체"를 찾지 않을 수 있단 말인가, 어떻게 다시 발견하지 않을 수 있단 말인가?

밝힐 수 없는 공동체

절대적 여성성

어쨌든 더 이상 마르그리트 뒤라스의 텍스트에 대해 말하지 않아야만 할 것이며, 그렇게 되어야 할 것이다. 그 텍스트를 가능한 적게 왜곡하도록 노력하면서, 나는, **요구된** 그 모든 것을 받아들일 준비가 되어 있었고 부서지기 쉽기에 영원히 그럴 것처럼 거기에 있는 젊은 여자의 기이함을 다시 발견한다. 그러나 이렇게 쓰고 나서 나는 곧 조금 더 세심함이 필요하다고 느낀다. 그녀는 또한 거부한다. 예를 들어 그녀는 이름으로 그를 부르기를, 즉 그가 자신의 이름으로 존재하는 것을 거부한다. 마찬가지로 그녀는 그의 눈물을 받아들이지 않으며, 다만 그 눈물에 대해 엄격한 해석만을 내릴 뿐이다. 그녀는 그로부터 보호막을 치면서 그에게 약간의 자리마저 남겨주지 않은 채 모든 세계를 혼돈 속으로 몰아넣는다. 마찬가지로 그녀는 한 어린아이의 이야기, 즉 그의 어린 시절의 이야기를 듣기를 거부한다. 자신에 대해 이야기함으로써 그는 어머니를 너무나 사랑했기에 그녀 안에 있는 어머니를 다시 근친상간적으로 사랑할 수 없다는 것을 분명 정당화하고 싶어했을 것이다. 그의 어린 시절의 이야기는 그에게 무엇과도 바꿀 수 없는 것이지만, 그녀에게는 진부한 것이다("**그녀는 그 이야기를 수없이 많이, 도처에서, 많은 책에서 듣고 읽었었다**"). 이는 그녀가 어머니나 어머니를 대신하는 사람으로 한정될 수 없으며, 자신을 이런 또는 저런 여자로 특징짓게 할 모든 특수성을 넘어서서 절대적 여성성에 이르렀다는 것을 의미한다. 그렇지만 그녀는 또한 바로 **이** 여자이다. 그녀는, 만약 그가 그녀를 살해할 수 있었다면, 죽음 가까이에 있을 수 있었을 만큼이나 살아

있는 바로 **이** 여자이다. 따라서 그녀는 그의 모든 것을 받아들인
다. 하지만 그녀는 그를 오직 다른 남자들과만 관계를 맺는 남자
들의 울타리 안에 가두어둔다. 그의 그러한 점을 그녀는 그의
'병' 또는 그 자체로 무한히 넓게 퍼져 있는 하나의 병의 형태로
간주한다.

　(동성애, 이 말은 한 번도 나타나지 않지만 그에 대해 생각해볼
수 있다. 그것은 '죽음을 가져오는 병'은 아니지만 다만 그 병을 간
접적으로 드러낸다. 욕망에서 사랑까지 모두 포함해 감정의 미묘한
차이들이, 서로 동류이든 아니든 모든 인간 존재들 사이에 남아 있
을 수 있다는 것을 부인하기는 힘든 법이다.) 그의 병? 죽음을 가
져오는 병? 그 병은 불가사의한 것이다. 그 병은 역겨운 동시에
매혹적인 것이다. 젊은 여자는 그가 그 병에 걸려 있거나 또는
뭐라고 말하기 어려운 단수성에 매몰되어 있다고 느꼈기 때문에
계약을, 즉 그와 함께 갇혀 있기를 받아들인 것이다. 그리고 그
녀는 그가 말하는 것을 보자마자 알지 못했지만 사실은 알고 있
었다고, 아직 뭐라고 말할 수는 없지만 알고 있었다고 덧붙인다.
**"처음 며칠 동안 나는 그 병에 대해 뭐라고 말해야 할지 알지 못했
어요. 그리고 이어서 나는 뭐라고 말해야 할지 알 수 있게 되었어
요."** 그녀가 그러한 치명적인 병과 관련해 줄 수 있는 정확한 대
답은 다음과 같은 것이다. 그는 한 번도 삶으로 들어가보지 못했
기에 죽어가며, 그의 죽음이 어떠한 삶에서도 죽음이 되지 못한
채 그는 죽어간다. (따라서 그는 죽지 않는다. 또는 그의 죽음은
그가 결코 알지 못했을 결핍 가운데 그를 처하게 하지 못한다.) 그
러나 그러한 대답은 결정적인 것이 아니다. 더더욱 그렇지 않은
이유는, 삶을 육화시키는 **"그것에 대한 앎을 통해"**(여성의 육체
에 실존 자체가 있다), **"이 살갗과 그 아래 감추어져 있는 삶이 같**

다는 사실"에 대한 앎을 통해, 삶 바깥에 있는 그가 아이를 세상에 내보낼 수 있는 육체로 위험하게 접근해서 삶을 찾아 나서는 시도를 감행했었기 때문이다(이는 그녀 자신에게는 특별히 중요성을 갖지 않는다 하더라도, 그녀가 그에게는 또한 어머니라는 것을 말해준다). 그는 노력하기를, "**여러 날 동안······ 아마 그의 일생에 거쳐**" 노력하기를 원한다. 거기에 바로 그의 요구가 있다. 그는 자신의 요구를 다음과 같은 물음에 이렇게 대답해서 명확히 한다. "**무엇을 위해 노력하죠?**" "**당신은 말한다. 사랑하기 위해.**" 그러한 대답은 순진한 것으로 보일 수 있지만 그가 사랑에 대해 모르는 만큼 또한 감동적인 것으로 나타난다. 그에게 사랑은 마치 사랑에의 의지에서 생겨날 수 있는 것처럼(우리가 기억하는 대로 그녀는 "**결코 의지로는 아닌**"이라고 대답할 것이다) 여겨진다. 마치 그는 언제나 정당화될 수 없는 것인 사랑이 예측할 수 없는 단 한 번의 만남을 전제로 하지 않는 것처럼 여긴다. 그러나 순진함 속에서 그는 사랑을 알고 있다고 믿는 자들보다 아마 더 멀리 나아갈 것이다. 그가 함께 '노력하고 노력하기를' 원하는 이 우연히 만난 여자 안에서 그는 모든 여자들과 그 화려함·신비와 절대적 힘에 부딪힐 수밖에 없으며, 더 나아가 결국 그 '최후의 실재'인 모르는 자와 부딪힐 수밖에 없다. 아무 여자라는 것은 없다. 작가의 임의의 결정에 따라 이 여자가 자신의 신비한 육체의 진리를 점차로 얻게 되는 것은 아니다. 그것은 그녀에게 주어졌으며, 또한 그녀가 준 선물이다. 그러나 그것은 그도 그 누구도 받을 수 없는 선물, 하지만 독자만이 아마 일부분 받을 수 있는 선물이다. 이 두 존재 사이의 공동체는 가장 놀랍지만 가장 명백히 드러나는 공동체이며, 심리적 수준에도 사회적 수준에도 위치하지 않고 신비주의적인 것과 형이상학적인 것을 넘어선다.

그들 사이에 분명 관계가 있다. 그의 편에서 보자면, 어떤 욕망이 있다— 욕망 없는 욕망, 왜냐하면 그 욕망은 그녀에게 연결되어 있기 때문이다. 그 욕망은 차라리, 또는 특별히, 앎에 대한 욕망이며, 어떠한 접근에도 피해 달아나는 그녀 안으로 접근을 시도해보려는 욕망, 즉 그녀 자체를 보고자 하는 욕망이다. 그러나 그는 그녀를 **보지** 못한다. 그는 그녀를 결코 한 번도 볼 수 없다고 느낀다. (그러한 의미에서 그녀는 그의 반(反)베아트리체이다. 베아트리체가 그녀로 향한 우리의 시선 내에 완전히 들어온다고 본다면 그렇다. 베아트리체의 충격적인 육체의 자태가 보이는 시점을 포착할 수 있다. 나아가 그녀 자체와 절대 그 자체— 신, 신성théos, 이론, 보아야 할 궁극— 가 구별되지 않는 절대적 가시성이 보이는 시점을 포착할 수 있다. 결국 베아트리체는, 육체부터 절대적 가시성까지 모두를 아우르는 단계적 시점을 가진 우리의 시선 내에 있다.) 마찬가지로 이 젊은 여자는 그에게 어떠한 혐오감도 불러일으키지 않는다. 다만 명백한 무감각에 따르는 **관계**만이 있을 뿐이다. 그러나 그 관계가 눈물에 눈물을 불러일으킨다는 사실을 두고 보면, 여기서 무감각이 무관심에 기인하는 것은 아니다. 남자는 스스로 무감각한 채 남아 있다고 믿지만, 무감각으로 인해 뭐라 말할 수 없는 쾌락으로 나아간다. **"아마 모르긴 몰라도 당신은 그녀에게서 당신이 모르는 쾌락을 얻을 것이다."** (최고의 심급(審級)은 분명 밝혀질 수 없다. 즉 쾌락은 본질적으로 포착될 수 없이 스쳐 지나가는 것이다.) 또한 그녀는 그가 고독을 발견하도록 하며, 그는 자신이 닿을 수 없지만 또한 닿아 있는 이 미지의 육체가 자신을 덜 외롭게 하는지 아니면 반대로 결국 혼자이게 만드는지 알지 못한다. 이전에 그는 신중하고 일반적 관행에 적합하게 여성과의 관계에서 오는 이 초과를 즐기기를 거부하면서, 타인들, 즉 그의 동류들과의 관계가 고독의 관계라는 것을 알지 못했었다. 시간이 흘러감에 따라, 그는 그녀와 함께라면 사실 시간이 더 이상 흘러가지 않으며 소유할 수 있는 작은 분할들로 나뉠 수도 없게 된다는 사실을 자각한다. '그 자신의 방'에 그녀가 있지만, 그것은 마치 텅 비어 있는 것 같다. 그녀가 만들어낸 그 텅 비어 있음이 그 방을 지나치게 큰 것이 되게 한다. 이어서 그는 확실히 그녀가 사라질 것이며, 그녀가 바다로 돌아가게 된다면(따라서 그는 그녀가 다시 돌아오리라고 믿고 있다) 모든 것이 가볍게 되리라는 생각에 이르게 된다. 그러나 그 생각은 그냥 한번 해본 막연한 것에 지나지 않는다. 결국 그녀가 정말 떠났을 때, 그녀의 갑작스런 부재로 인한 또 다른 고독 가운데, 그는 일종의 후회의 감정과 그녀를 다시 보고 싶은 욕망을 느끼게 될 것이다. 단지 그는 다른 이들에게 그녀와 있었던 일에 대해 말하는 실수와 나아가 그 일에 대해 웃어넘기는 실수를 저지르게 될 것이다. 마치 극단적으로 심각한 것과 함께 행했던 시도, 자신의 인생을 걸었던 시도가 환상이 낳은 하찮은 것으로만 자신의 기억에 남아 있다고 여기는 것처럼 말이다. 그러나 바로 거기에 공동체의 특성들 중의 하나가 있다. **공동체**가 와해될 때, 공동체는 설사 존재했었다 하더라도 한 번도 존재한 적이 없었다는 인상을 가져다주는 것이다.

밝힐 수 없는 공동체

그녀는 급박하게 사라져가면서 더할 나위 없이 불가사의하고 명백하게 나타난다(최후의 실재). 그녀는 자신을 전부 드러내 보이면서 단 하나의 욕망에 즉각적으로 매 순간 따르기를 그만두게 될 가능성에 이른다. 그때까지 그녀는 감탄할 만한 육체를 방기하는 위험을 감수하지만, 그 위험 속에서 그녀의 나타남은 더할 나위 없이 명백한 것이 된다(계약에 의해서도 보장될 수 없는 무한한 아름다움과 무한한 실재가 갖는 부서지기 쉬움). 이 젊은 여자, 그녀는 누구인가? 내 자신이 그렇게 한 것처럼 그녀를 그리스 · 로마의 이교도적 아프로디테나 이브 또는 릴리스와 동일시하면서 제쳐놓는다면, 거기에는 일종의 경솔함이 있다. 거기에는 일종의 너무 안일한 상징주의가 있다. 어쨌든 그들이 같이 보낸 여러 밤 동안(그녀가 본질적으로 밤의 여인이라는 것은 분명하다) 그녀는 **공동체**에 속해 있으며, 공동체에서 태어난다. 그녀는 부서지기 쉬운 존재이고, 또한 접근할 수 없는 거대한 존재이다. 그 사실에 따라, 공동의 것이 될 수 없는 낯선 것이 영원히 일시적일 수밖에 없으며 언제나 이미 떠나 있을 수밖에 없는 공동체를 세운다는 사실을 느낄 수 있다. 여기에 행복은 없다(설사 그녀가 "행복해요"라고 말한다 하더라도 그렇다). **"방이 그녀의 잠에 잠식되어가고 있는 동안 동시에 방에서 불행은 커져만 간다."** 다른 한편 남자가 불행을 자신의 영광으로 삼아 자신의 소유물 · 재산 · 특권이 되게 하고 스스로 불행의 왕이라 생각하는 한에서, 그가 불행으로 우는 것을 권한이라 여기는 한에서, 그는 불행의 진실 또는 불행의 본래성을 와해시킨다.

하지만 그가 그녀에게 아무것도 가져다주지 않는 것은 아니다. 그는 그녀에게 세계에 대해 말해주고, 흘러가는 시간에 대해 그리고 그녀가 자는 데 리듬을 부여하는 새벽 여명에 대해 말해준다. 그는 또한 물음을 던지는 자이다. 그녀는 신탁(神託)을 전하는 여사제이다. 그러나 신탁이 하나의 대답일 수 있으려면, 그것은 물음이 불가능한 것에 대해 응답해야만 한다. 그녀는 그에게 말한다. **"그러면 나에게 물어보세요. 나로서는 할 수 없어요."** 진실로 하나의 물음만이 있을 뿐이다. 그 물음은 고독 속에 있기에 모든 자를 대신해 묻는다는 사실을 모르는 자가 모든 자를 대신해 던진, 있을 수 있는 유일한 물음이다. **"당신은 누군가 당신을 사랑할 수 있을 것이라고 믿는지 그녀에게 묻는다. 그녀는 어떤 경우라도 그럴 수 없을 것이라고 말한다."** 너무나 단호하기에 보통의 입에서가 아니라 저 높은 곳에서, 저 먼 곳에서 나온 것으로 여겨지는 대답. 그러나 그의 내부에서 부분적이고 보잘것없는 진실로 다가오는 최종의 판결. **"당신은 사랑이 항상 제자리에 놓여 있지 않는 것처럼 보인다고, 자신을 한 번도 이해할 수 없었다고, 항상 사랑하기를 피했었다고 말한다……"** 이러한 말들은 그의 첫번째 물음을 무효화시키며, 심리적 관점에서 단순화시킨다. (그는 자신의 의지로 스스로를 사랑의 영역 밖에 갖다놓아왔다. 우리는 그를 사랑할 수 없다. 왜냐하면 그는 자신의 자유를 간직하기를 항상 원했기 때문이다. 정념의 폭력이 신의 자유를 이어가는 의지의 자유를 파괴해서도 안 되고 그럴 수도 없다는 '데카르트적' 오류를 범해서라도 간직하기를 원하는 사랑하지 않을 자유.) 매우 짧지만 압축적인 이 이야기에 그러한 급작스러운 단언과 더불어, 어떤 단순한 교설(教說)로도 설명하기 힘든 단언들이 들어 있다. 그가 아무것도, 어느 누구도 사랑하지 않는다고 말하기는(우리는 그에게 그렇게 말했고 그는 그렇다는 것을 받아들인다) 쉬운 일이다. 그는 자신이 — 단 한 번도, 단 한 순간도 — 한 명의 여자도 사랑하거나 욕망한 적이 없다는 사실을 결국 스스로 알기에 이른다. 그러나 그는 이 이야기에서 반대의 사실을 입증한다. 다시

말해 그는 거기에 있는 이 존재와 연결되어 있는 것이다. 그는
자신이 요구하지 않았지만 사실은 요구한 것을 그녀가 들어주기
를 바라는 보잘것없는 욕망(그러나 그 욕망을 어떻게 규정할 수
있는가)을 갖고 있고, 그에 따라 거기에 있는 그녀와 연결되어
있는 것이다. "**당신은 스스로 원하는 방식으로, 더할 나위 없이
위험한 방식으로 그녀를 마음대로 다룰 수 있을 것이다**"(의심할
바 없이 그는 그녀를 살해할 수 있을 것이지만, 그렇게 함으로써 그
녀는 더 뚜렷이 실재하는 존재가 되리라). "**당신은 그렇게 하지 않
는다. 오히려 당신은, 그 육체가 행복이 가져다주는 위험을 감수
할 때 드러내는 부드러움과 똑같은 부드러움으로 그 육체를 애무
한다⋯⋯**" 이 놀라운 관계는 우리가 그에 대해 말할 수 있는 모
든 것을 취하(取下)하도록 만든다. 그 관계는 여성적인 것과 무
관하기를 원하거나 무관하다고 믿는 자들에게조차 여성적인 것
이 갖는 불가해한 힘을 드러내 보여준다. 그 여성적인 것은 괴테
의 '영원히 여성적인 것'이 아니다. 즉 그것은 단테의 지상적이
고도 천상적인 베아트리체에 대한 진부한 모방이 아니다. 그러
나 그렇다 하더라도 그녀의 독자적 실존은 여전히 속된 흔적 없
이 성스러운 어떤 것을 간직하고 있다. 특히 그녀가 결국 자신의
육체를, 마치 최후의 성찬에서의 성체(聖體)인 것처럼, 절대적
이고 기억될 수 없는 선물로 제공할 때 그러하다. 그러한 사실이
장중한 간결함과 함께 다음 넉 줄에서 드러난다. "**그녀는 말한
다. 그것이 이루어질 수 있도록 나를 취하세요. 당신은 그것을
이루며 당신은 그녀를 취한다. 그것이 이루어졌다. 그녀는 다시
자기 시작한다.**" 모든 것이 이루어졌고, 그녀는 이제 더 이상 거
기에 없다. 밤에 떠난 그녀는 밤과 함께 떠난 것이다. "**그녀는
결코 다시 돌아오지 않을 것이다.**"

말할 수 있는 공동체

우리는 이 사라짐에 대해 몇 가지를 상상해볼 수 있을 것이다. 공동체는 그 시작에서와 마찬가지로 우연에 의해 종말에 이르는 가. 자신의 과제를 완수한 공동체는 오기도 전에 잃어버린 사랑 의 추억을 그에게 남겨두면서, 그를 자신이 생각하는 것보다 더 급진적으로 변화시켜놓은 것인가. (엠마오의 제자들처럼 말이다. 그들은 성스러운 현전이 그들을 떠나갔을 때에야 비로소 그 현전에 대한 확신을 갖게 된다.) 공동체는 밝힐 수 없는 것인가. 그는 의 지에 따라 공동체와 결합되면서 자신이 지금까지 이를 수 없었던 이 죽음을, 공동체가 기다려왔고 공동체의 지상의 숙명을 완성 하는 이 죽음을 공동체에 가져오는가—이 죽음은 그렇다면 사 실로서의 죽음인가, 이미지로 다가오는 죽음인가, 어떠하든 중 요하지 않다. 이 죽음은 공동체의 운명에 속해 있는 **언제나 확실 하지 않은 그 종말**을 모호한 방법으로 축성(祝聖)한다.

밝힐 수 없는 공동체 La communauté inavouable. 그것은 무 엇을 의미하는가, 그 공동체가 스스로를 드러내지 않는다는 것 을 의미하는가, 또는 그 공동체는 자신을 드러나게 하는 어떠한 자백도 있을 수 없게끔 존재한다는 것을 의미하는가? 그렇다면 그 이유는 우리가 그 공동체의 존재 방식에 대해 말할 때마다, 그 공동체가 빈자리로 존재한다는 것 이외에 어떤 다른 것도 파악할 수 없다고 느끼기 때문인가? 그러므로 침묵했었던 편이 더 나았 던 것인가? 그 공동체의 역설적 성격에 대해 강조할 필요도 없 이, 그 공동체를 한 번도 경험에 들어온 적이 없는 과거와 동시 적인 시간에 체험하는 편이 더 나은 것인가? 그러나 "말할 수 없 는 것에 대해 침묵**해야만 한다**"는 비트겐슈타인Wittgenstein의 너무나 유명하고 지나치게 되풀이되어온 경구는, 그가 그렇게 말하면서 자신에게 침묵을 강요할 수 없었다는 점을 되돌려본다면, 결국 침묵하기 위해 말을 해야만 한다는 것을 보여주고 있다. 그러나 어떤 말을 해야 하는가? 그것이 바로 이 작은 책이 다른 책을 위해 남겨두는 물음들 중의 하나이다. 그러나 다른 책은 그 물음에 대답을 주기보다는 그 물음을 간직하고 아마 이어가야 할 것이다. 그에 따라 우리는 그 물음에 우리를 구속하는 정치적 의미가 있다는 것을 발견하게 될 것이다. 그 물음에 따라, 알려지지 않은 자유의 공간을 여는 이 현재에 관해, 과제와 무위 사이에서 항상 위기에 처해 있지만 또한 항상 희망할 수밖에 없는 미지의 새로운 관계를 책임져야 하는 이 현재에 관해, 우리가 무관심할 수 없다는 것을 발견하게 될 것이다.

모리스 블랑쇼, 얼굴 없는 "사제"

　모리스 블랑쇼에 대해 물론 우리는 이 시대의 독창적인 사상가들 중의 한 사람이라고 말할 수 있을 것이다. 그러나 만일 '독창적인 사상가'라는 말을 새롭고 영향력이 큰 담론을 생산하는 이론가로 단순히 이해한다면, 블랑쇼에게는 분명 그러한 이해를 벗어나는 점이 있다. 그는 특히 프랑스의 담론의 장에서, 50년 넘게 실존주의 · 하이데거주의 · 구조주의 · 니체주의를 지나가면서, 이러한 표현이 허용된다면, '사제'의 역할을 하고 있다. 단순히 독창적인 사상가가 아닌 어떤 종교적 힘을 갖고 있는 '사제.' 이러한 정의는 무엇을 의미하는가?

　그 물음에 대답하기 전에 한 가지 사실을 먼저 지적해보자. 블랑쇼는 지난 반세기 동안 프랑스 담론의 장을 차례로 지배했던 위에서 열거한 철학 사조들 중 그 어느 것도 한 번도 대변한 적도 주도한 적도 없다. 뿐만 아니라 블랑쇼는 그가 공식적으로 속해 있다고 여겨지는 문학이라는 장르에서의 주도적 운동들(예를 들어 초현실주의, 누보로망, 기호학) 중 그 어느 것에도 명시적이든 비명시적이든 한 번도 참여한 적이 없다. 블랑쇼가 어떠한 이론과도 함께 분명히 자신을 드러낸 적이 없다는 사실을 차치하고라도, 우리는 그에 대해 간단히 얼굴 없는 작가, 은둔의 작가라고 말할 수 있다. 어디서든 강의나 강연을 한 적도, 어떤 공식적 자리에 나타난 적도, 그 누구와 논쟁을 한 적도 없고, 인터뷰도 없으며, 하다못해 사진도 없는 작가(예외가 있다면, 그가 대학 시절, 친구였던 에마뉘엘 레비나스Emmanuel Levinas와 다른 몇몇 친구들과 찍은 서너 장의 사진과 먼 거리에서 그의 말년의 모습을 보여주는 흐릿한 한 장의 사진뿐이다). 모리스 블랑쇼는 말하자면 존재하지 않는다. 또는 그는 '모리스 블랑쇼'라는 이름으로 불리는 그 누구일 뿐이다. 그러나 우리는 블랑쇼의 은둔에 대해 과장해서는 안 된다. 그의 은둔을 신비화해서는 안 된다. 어떤 관점에서 본다면, 그의 은둔은 분명히 한 개인의 선택과 취향의 문제일 수 있다.

그러나 여기서 블랑쇼의 은둔에 대해 언급해야 한다면, 그 이유는 그것이 어떠한 의미에서 그가 '사제'라고 불릴 수 있는가라는 문제에 대한 시사점을 주기 때문이다.

블랑쇼가 '사제'라는 것은 그가 어떤 사상들과 이념들을 권위를 갖고 통합하면서 대표하고 나아가 축성(祝聖)한다는 것을 의미하지 않는다. 오히려 블랑쇼의 사유는 20세기에 그 극점에 다다랐던 서양의 모든 잠재력과 근대성의 모든 힘이 쇠진되어가는 장소에서 전개된다. 따라서 차라리 이렇게 말해야 할 것이다. 블랑쇼에게서 지난 50년간 프랑스에서의 여러 사조들이 집결되고 흩어져가고 있는 데 그치지 않고, 나아가 근대성을 뒷받침했던 이념적 지주들(예를 들어, 인간의 주체성, 신[神], 예술의 자율성과 절대성, 예술가의 천재 · 내면성, 공동체의 이념) 자체가 무너져 내리고 있다. "근대성의 한가운데에서, 환상에서 깨어난 세기, 자신의 파탄을 역설적 사유의 대상으로 삼은 세기의 표징, 즉 블랑쇼라는 지고의 상징이 떠올랐다."[1] 블랑쇼는 근대성의 환상, 한마디로 말해 인간의 힘 · 능력의 확신에 대한 환상이 깨져

나가는 장소이다. 그는 한편으로는 건조하고 냉정하게, 다른 한 편으로는 단호하고 열정적으로, 어떻게 주체의 최고 주권(이성의 사유 능력의 최고 주권)이 주체의 사라짐으로, 변증법적으로 구성된 개념적 절대 존재가 존재의 바깥Dehors으로, 독일 낭만 주의자들이 강조한 예술가의 고유성·절대성이 예술가의 주변성(예술가의 세계로부터의, 또한 작품으로부터의 추방)으로, 어떻게 세계 변혁의 이론으로서의 마르크스주의가 단순히 타자의 발견으로 귀결되는가를 말한다. 블랑쇼는 근대성이 쌓아올렸던 거대한 이념 더미들을 태우는 불꽃을, 그리고 이 더미들이 타고서 남은 잿더미를 보여준다. 말하자면 블랑쇼는 이 불꽃, 이 잿더미로 우리를 부르는 목소리이다. 그는 이 불꽃과 함께, 이 잿더미 가운데에서, 근대성 전체를 회상하면서 그 죽음의 미사를 집전하고 근대성의 조종을 울리는 '사제'이다. 그 울림 가운데 그는 어떠한 구성적 이론도 더 이상 전해주지 않으면서 다만 우리를 우리 자신과 맞닥뜨리게 한다—— 우리가 가졌던 환상을 직시하게 한다. 여기서 그의 은둔이 어떻게 그가 이 '사제'의 역할을 수행하는 데 필연적일 수 있는가에 대해 다시 생각해볼 수 있다. 블랑쇼는 은둔을 통해, 글쓰기 바깥의 어떤 사회적 권력과도 멀어지면서, 말하자면 스스로 사라지면서, 근대성의 더미들을 태우면서 스스로 소진되어가는 불꽃이 되어 자신의 목소리를, 자신이 울리는 조종을 비개인적인 것, 비인칭적인 것, 중성적인 것으로 만들고 있다(결국 문제는 그의 은둔의 삶에 비추어 그의 작품을

---

1 M. Zarader, *L'Être et le neutre à partir de Maurice Blanchot*, Verdier, 2001, p. 302. 이 책에서 현상학자 마를렌 자라데르Marlène Zarader는 총체적인 근대성의 체험이 철학과 문학의 구분을 넘어 블랑쇼에게서 표현되고 있다고 보지만, 프랑스 사상계가 그에게 '무조건적'으로 베푼 환대를 비판하면서, 그의 사유를 철학적(현상학적) 입장에서 다시 검토하고 있다.

읽는 것이 아니라 반대로 그의 작품을 통해 그의 은둔을 이해하는 데에 있다). 그의 은둔이, 이름의 지워짐이, 한 개인으로서의 '모리스 블랑쇼'에 대한 포기가 그의 목소리를 작품을 통해 비인칭적인 것으로, '나' 아닌 '우리'를 대변하는 얼굴 없는 사제의 목소리로 전환시키고 있는 것이다. 그 목소리는 근대성의 주변에 머무를 수밖에 없는 '그 누구'의 목소리이며, 그 조종은 근대 문화 바깥으로 몰린 무력한 이름 없는 자가 울리는 조종이다.

그러나 블랑쇼는 사회·문화·정치 이론으로서의 포스트모더니즘과 관계가 없다. 그는 포스트모더니즘의 문화 바깥에 있는 것처럼 보인다. 보다 정확히 말해 그가 향해 나아가는 지점은 모든 문화가 그 영향력을 상실하게 되는 곳이다. 그 지점은 죽음·병·고독·추방 등 한계 상황 가운데 '나'의 자기 동일성이 의문에 부쳐지는 지점이다. 그 지점은 모든 문화의 바깥이며, 가치 체계를 가능하게 하는 세계, 구성적 담론, 예술의 문화적·사회적 의미, 나아가 인간의 모든 의식적 가치 부여가 무효가 되는 곳이다. 그 지점은 다만 인간의 유한성이 극적으로 드러나는 장소, 불가능성의 장소, 죽음의 장소이다. '바깥,' 문화·세계의 바깥을 말하는 블랑쇼의 사유는 일종의 비극적 사유, 비극의 철학, 세계에서 추방된 자의 철학이다. 그것은 나아가 하나의 이론 또는 담론에 가두어둘 수 없는 오이디푸스의 신음이며 햄릿의 절규이다.

하지만 블랑쇼가 우리에게 궁극적으로 전해주고자 하는 메시지는 완전히 비극의 철학으로 환원되지 않는다. 블랑쇼의 사유는 비극의 철학이라고 간단히 규정될 수 없다. 만약 이 사유를 일종의 비극의 철학이라고 보아야 한다면, 이 비극의 철학에 개입하는 어떤 긍정적인 계기를 읽어야만 한다. 블랑쇼는 자아의 불가능성 —— 자기 긍정의 궁극적 불가능성 ——, 세계의 불가능성을 말할 뿐만 아니라, 분명히 그 불가능성 가운데 하나의 긍정이, 즉 나와 타자 사이의 '우리'의 가능성이, 날것의 소통의 가능성이 남아 있다는 것을 말한다. 여기서 나와 타자의 소통은 문화 바깥에서, 그리고 모든 정치·경제·문화·철학·이념의 지평 바깥에서 이루어질 것이다. 이 소통은 환원 불가능한 유한성— 죽음에로 나아가는 존재, 죽음을 드러내는 존재 —— 의 나눔이자 '바깥'의 분절로서의, 바깥으로의 탈존(脫存)ex-sistance으로서의 숨결의 나눔이며, 죽음 가운데 숨쉬는 생명의 나눔이다. 모든 지평 바깥의, 따라서 지평에서 규정된 모든 동일성들(예를 들어 자아의 자기 규정, 이념, 국적, 정치적 이데올로기) 바깥의 타자의 숨결, 모든 소통(정치뿐만 아니라 경제·문화·예술·철학 등 모든 영역에서의 소통)의 전제조건으로서의 숨결, 유한성과 죽음을 드러내지만 또한 그 가운데 빛나는 불꽃같은 생명을 드러내는 숨결……, 그 숨결의 나눔.

블랑쇼의 작품들 가운데 이 긍정으로서의 나눔의 양상을 가장 정확히 보여주고 있는 것이 바로 『밝힐 수 없는 공동체 *La Communauté inavouable*』이다. 그러나 『밝힐 수 없는 공동체』는 블랑쇼 혼자의 사유의 결과가 아니다. 이 책은 고립된 고독한 사유의 산물이 아니라 대화의 산물이다. 블랑쇼 곁에 장-뤽 낭시라는 이름이 있고, 『밝힐 수 없는 공동체』 옆에 『무위(無爲)의 공동체 *La Communauté désœuvrée*』(1986)라는 낭시의 저서가 있다(이 『무위의 공동체』는 잡지 『알레아 *Aléa*』 1983년 4호에 실렸던 동명의 논문을 책으로 묶은 것이다). 그리고 낭시의 『무위의 공동체』는 조르주 바타유가 제출한 공동체의 문제를 다시 반성해보는 데에 그 중심 주제가 있으며, 외형상 바타유의 사상에 대한 주석의 형태를 띠고 있다. 사실 블랑쇼는『밝힐 수 없는 공동체』에서 낭시가『무위의 공동체』에서 제기한 물음들, 즉 낭시를 거쳐 드러난 바타유의 공동체에 대한 문제들을 이어가면서 확장시키고 있을 뿐만 아니라, 이 문제들을 에마뉘엘 레비나스와 마르그리트 뒤라스Marguerite Duras의 타인이라는 주제에 대한 사유에 비추어 되짚어보고 있다. 따라서 블랑쇼의『밝힐 수 없는 공동체』에 타인과 공동체에 대한 낭시·바타유·레비나스·뒤라스 그들 각자의 생각의 편린들이 중첩되고 있다고 볼 수 있다.

바타유와 낭시가 제출하고 블랑쇼가『밝힐 수 없는 공동체』에서 이어받은 공동체의 문제의 핵심에 우리가 지금까지 벗어나지 못하고 있을 수 있는 전체주의적 공동체의 이념에 대한 비판이 있다. 왜 공동체는 어떤 원리·기준·이념, 즉 어떤 동일성들을 전제하지 않고서는 생각될 수 없는가? 이 동일성들의 바탕에 이미 인간의 본질에 대한 정의(定義), 즉 인간의 그 자신과의 관계, 자아와 자신과의 관계에 대한 정의가 놓여 있지 않은가? 왜 이러한 인간 본질에 대한 정의로부터만, 그에 따르는 동일성으로부터만 타자와 타인과의 관계를 이해하는가? 결국 인간 본질에 대한 정의로부터 구성될 수 있는 공동체에서 구성원들은 전체의 '경제적' 목적에 봉사해야 하는 원자들로 환원되지 않는가, 또한 그 정의에 부합되지 않는 타자들은 배제될 수밖에 없지 않은가? 왜 공동체는 항상 내재(內在)주의적이어야만, 전체주의적이어야만 하는가?

블랑쇼는『밝힐 수 없는 공동체』에서 바타유, 낭시와 함께 내재주의와 전체주의를 넘어서 있으며 전체의 고정된 계획을 갖고 있지 않은 공동체의 가능성을 찾는다. 공동체 없는 공동체의 가능성. 기구·조직·이념 바깥의, 동일성 바깥의 공동체의 가능

성. "어떤 공동체도 이루지 못한 자들의 공동체"(바타유)의 가능
성. 이러한 공동체에서 나와 타인의 관계 또는 나와 타인의 함께
있음은 개체의 확대로서의 전체의 실현이 아니며, 전체에 종속
된 개체의 의식에 기초하지 않는다. 거기서 나와 타인의 관계는
양자를 하나로 묶을 수 있는 어떤 기준·동일성에 따라 이루어
지는 것이 아니다. 거기서 나와 타인의 관계는 양자 모두가 소유
하고 있다고 여겨지는 고정된 공동의 속성에 의해 성립되지 않는
다. 나와 타인의 관계는 개체나 전체의 본질을 전제하지 않으며,
다만 관계 그 자체에 의해서만 발생하며 개체의 영역으로도, 전
체의 영역으로도 환원될 수 없는 '우리'의 존재를 드러낸다. '우
리'의 존재, 공동-내-존재, 즉 내가 타인을 향한 접근의 기호가
될 때, 내가 나의 고유한 내면성을 드러내는 것이 아니라──나
의 내면적 존재를 확인하는 것이 아니라──오히려 나의 존재 자
체가 관계 가운데 해소될 때, 그 순간에 가능한 '우리'의 존재,
외존(外存)ex-position(자신 바깥·외부에서 존재함, 즉 하나의
탈존의 형태, 타인을 향해 존재함, 타인과의 관계 내에 존재함)을
통해 가능한 공동 내 존재. 나의 존재 전체를 모두 내가 결정한
다는 것은 불가능하다는 것을 알리는 내 바깥의 존재, 타자와
의 소통, 타자로의 접근, 타자의 응답 가운데에서만 알려지는
관계 내에서의 존재, 나의 존재에로도 타자의 존재에로도 환원
될 수 없는 공동의 영역을 알리는 '우리'의 존재.[2] 블랑쇼는 『밝힐
수 없는 공동체』에서 '우리'의 존재를 죽음·문학·사랑의 예를

2 블랑쇼가 궁극적으로 강조하는 것은 '관계'이지 관계의 한 항인 '타자'가 아니다. 즉 그
   는 레비나스가 말하는 '나'와 타자 사이의 일방적 비대칭성을 전적으로 받아들이지 않는
   다. 이에 대해서는 옮긴이의 「이름 없는 공동체: 레비나스와 블랑쇼에 대해」, 『보살핌
   의 현상학』, 2002, 철학과현실사 참조.

들어 보여준다. (타인의 죽음은 그의 존재 전체가 나의 응답에 맡겨져 있는 전형적인 외존의 양태이며, 타인의 죽음의 체험은 바로 모든 계획 · 이념 · 기구 바깥에서 이루어지는 공동체 없는 공동체의 체험이다. 문학의 궁극적 가능성은 글쓰기가 어떻게 독서를 통해 타자의 현전에 대한, 또는 '우리'의 존재에 대한 긍정으로 이어질 수 있는가에 달려 있다. 연인들의 공동체communauté des amants는 모든 목적 너머의 공동체, 내가 지배할 수 있는 사물화된 모든 관계 너머의 공동체, 나의 존재가 타인을 향한 외존에 달려 있는 대표적인 밝힐 수 없는 공동체이다.)

블랑쇼는 이 이루기 힘든 공동체, 동일성에 근거를 두지 않고 동일자의 억압을 거부하는 공동체, 오히려 타자의 발견과 차이의 발견으로 역설적으로 지속되는 밝힐 수 없는 공동체에 대한 요구가 일상의 모든 나와 타인의 관계에서 취소될 수 없다고 본다. 나아가 이 공동체 없는 공동체에 대한 요구가 미래의 모든 정치적 구도의 설정에서 고려될 필요가 있다고 본다(데리다는 블랑쇼 · 바타유 · 낭시의 공동체에 대한 사유를, 그들의 관점에서보다 더 구체적인 관점에서, 명시적으로 정치의 문제와 연결시키고 있다. J. Derrida, *Politique de l'amitié*, Galilée, 1994). 결국 블랑쇼가 이 드러나지 않는 공동체에 대한 요구를 정당화하고 있는 이유는 '우리'의 존재의 지고성을 강조하기 위해서이다. 타자와의 관계의 무한성이, 타자와의 관계가, 가시적인 계획 · 목적 · 기구 · 이념 · 철학에 따라 한정될 수 없고 고정화 · 사물화될 수 없다는 것을 말하기 위해서이다.

마주한 공동체

장-뤽 낭시

모리스 블랑쇼에게

　세계의 현재 상황은 문명들 사이의 전쟁 상황이 아니다. 그것은 시민 전쟁의 상황이다. 도시·시민성·도시성은 세계의 한계에서까지, 나아가 그 고유의 개념들의 극한에서까지 문제가 되고 있다. 세계의 현재 상황은 그것들 내부의 전쟁 상황이다. 하지만 극한에서 개념은 깨지게 되며, 느슨히 약화되었던 형상이 빛을 발하고, 벌어진 틈이 드러나게 된다.

　세계의 현재 상황은 또한 종교들 사이의 전쟁 상황이 아니다. 오히려 종교들로 말미암았다고 여겨지는 모든 전쟁은 서양에서의, 또한 마찬가지로 그 끝과 극한을 향해 있는 서양의 분류(分流)에서의 종교적 도식인 일신론(一神論) 내부에서의 전쟁이다. 서양의 동양으로 향해 있는 서양의 분류 역시, 신성한 것 한가운데에서, 파열과 벌어진 틈을 향해 나아가고 있다. 무신론이든 광신주의든 모든 형태의 일신론에 의해 그렇게 서양은 다만 신성한 것이 쇠퇴되어가는 과정을 밟아왔을 뿐이다.

　우리에게 동일자(同一者)l'Un와 세계의 단일한 목표에 대한 사유가 쇠퇴하고 있다는 것이 사실로 다가왔다. 이제 세계의 목표는 부재하며, 그것만이 유일한 사실이다. 또한 모든 것이 같아지는 일반적 등가화(等價化)가 무제한적으로 확장되고 있다. 또

는 그에 대한 여파로 절대전능의 힘과 괴물처럼 되어버린— 혹
은 다시 괴물처럼 되어버린— 동일자의 현전을 다시 긍정하는
급격한 도약이 이루어지고 있다. 그러나 그 가운데 동일자와 세
계의 단일한 목표에 대한 사유는 쇠퇴하고 있다.[1] 결국 문제는
다음과 같은 것이다. 어떻게 진지하게, 절대적으로, 무조건적으
로 신을 부정할 수 있는가, 동시에 그 부정으로부터 어떻게 의미
와 진리를 산출할 수 있는가? 어떻게 종교로부터 떠나는 것이
아니라, 우리의 것으로 남아 있었던 사유의 일체주의(一體主義,
역사·과학·자본·인간을 중심에 놓는 일체주의 그리고/또는 이
모든 것들의 무가치를 주장하는 일체주의)로부터 떠날 수 있는가?
(왜냐하면 요컨대 우리는 이미 종교로부터 떠나와 있기 때문이다.
그 사실에 대한 광신자들의 저주는 아무것도 할 수 없다. 그러한 광
신자들의 저주와 달리에 새겨져 있는 '신'을 숭배하는 것은 같은 증
후이다.) 다시 말해 허무주의로부터 빠져나올 수 있는 것, 허무
주의의 내부로부터 떠날 수 있는 것을 일신론의 쇠퇴 이면에서
붙잡기 위해, 어떻게 일신론의 끝과 일신론을 구성하고 있는 무
신론(일신론에 의해 뒷받침되고 있는, 우리가 '신부재주의(神不在
主義)'라고 부르는 것)의 끝으로 나아갈 수 있을 것인가? 어떻게
무(無)nihil를 절대전능의 힘으로, 전적으로 현전하는 괴물로 만

---

1 전쟁을 지금으로서는 관측하고 있다고 볼 수 있는—하지만 성장을 위해, 아니면 빈곤
화를 위해 세계화에 마찬가지로 참여하고 있는—세계의 여러 다른 지역에서, 일신론
의 변증법적 전개와 그 해체의 과정은 실현되지 않았다. 왜냐하면 거기에서, 기독교(여
기서는 라틴 아메리카의 기독교)가 다르게(우리가 말하는 것처럼, '이교도적'인 방법 또
는 덜 '형이상학적'인 방법으로) 사유를 전개했기 때문이거나, 또는 일신론이 다른 이
질적 사유들에 침투하지 못했기 때문이다(거칠게 말하자면, 인도나 중국은 동일자에
따라 사유하지 않고, 현전에 따라 사유하지도 않는다). 한편 서양과 서양의 자기 쇠퇴
는 어디에나 알려져 있다. 다른 한편 세 세계에서, 즉 세계에 있는 적어도 세 개의 세계
에서 언제나 뿌리 깊은 부조화가 있지만, 그에 따라 분명 미래의 기회와 동시에 미래의
위험이 생겨난다.

들어놓지 않으면서 사유할 수 있을 것인가?

*

형성되고 있는 벌어진 틈은 의미와 진리 또는 가치의 틈이다. 그 벌어진 틈에서, 모든 형태의 사회경제적 · 정치문화적 변화와 단절이 가능하기 위한 조건과 그 근본 도식이 발견된다. 우리는 다음과 같은 사실을 잊어서는 안 된다. 근원적인 쟁점은 사유에 있어서의 쟁점으로 받아들여져야만 한다. 설사 거기서 가장 물질적인 것(무수한 예들 가운데, 가령 아프리카에서의 에이즈로 인한 죽음, 또는 유럽에서의 비참한 궁핍의 상태, 또는 아랍 국가들에서의 권력을 찬탈하기 위한 투쟁들)이 문제가 되어 연관되어 있을 때조차 마찬가지이다. 정치 군사적 전략과 경제사회적 조정도 필요하고, 또한 정의에 대한 끈질긴 요구와 저항 · 반란도 마찬가지로 필요하다. 그러나 중단 없이 어떤 세계에 대해, 즉 받아들여진 진리 · 의미 · 가치의 조건들로부터 천천히 그리고 동시에 갑작스럽게 떠날 수 있는 세계에 대해 사유해야만 한다.

거대한 경제적 불균등은 말하자면 삶에서의 불균등이다. 우리는 균등하게 배고프지 않고 균등하게 위엄을 갖지 않으며 균등하게 사유하지 않는다. 그 경제적 불균등은, 스스로를 재구축해내지 못하며(고유의 실존과 고유의 의미를 재구축해내지 못하며) 고유의 세속성을 내부 파열이나 외부 파열을 통해서만 무제한적으로 확장시켜온 세계가 발전해온 데 따르는 파생 결과이다. 왜냐하면 그 무제한성 속에서 분열이 심화되기 때문이다. 즉 거기에서 세계는 그 자신에 대해 불평등하게 되고, 의미 · 가치 · 진리를 갖는 것이 불가능해지며, 모두는 죽음이 낳은 문명을 점진적으로 이루어온 일반적 등가화에 몸을 던지게 되기 때문이다. 죽음이 낳은 문명이라는 것은 다만 어떤 하나의 형태의 문명이 아니라 나아가 문명 자체, 아마 인간의 역사 자체인 동시에 자연의 역사 자체일 것이다. 그리고 오래된 것이든 새로운 것이든 어떠한 다른 형태의 문명도 시야에 들어오지 않는다.

여기저기에서 사람들은 뻔하고 번지르르한 허식으로 상처를 감싸기를 원한다. 말하자면 신 또는 돈으로, 석유 또는 근력(筋力)으로, 정보 또는 틀에 박힌 주문(呪文)으로. 그러나 이 모든 것들은 언제나 이런저런 형태의 절대전능의 힘 또는 전적인 현전을 최종적으로 가리킨다.

절대전능의 힘 또는 전적인 현전, 그것이 언제나 우리가 공동체에 요구하는 것, 또는 공동체에서 찾으려 하는 것이다. 절대전능의 힘 또는 전적인 현전, 다시 말해 최고 주권souveraineté과 내밀성intimité, 자신에 대한 균열도 바깥도 없는 현전. 우리는 '민중'의 '정신,' 또는 '독신자(篤信者)들의 회합을 주관하는 '영혼'을 원하는 것이다. 우리는 '주체'의 '동일성,' 또는 '주체'의 '고유성'을 원하는 것이다.

여기서 어떤 제국주의, 어떤 체제통합주의(사실 제국주의와 체제통합주의는 대구로 교차시켜 놓을 수 있는 명칭들이다)를 고발하는 것만으로는 전혀 충분하지 않다. 그에 대한 고발은 정당하다. 또 다른 착취들과 통합기계 체제들을 만들어내기 위한 주민 전체에 대한 착취와 모독이 가져온 결과를 고발하는 것이 정당한 것처럼 말이다. 그러나 1939년 이후로 전쟁은, 전쟁에 자리를 내주는 세계의 내부에서의 대립으로서 벌어지지 않는다(설사 그 전쟁의 자리가 대단히 처참하다 하더라도 그렇다). 전쟁은 찢겨진 세계에서의 전쟁이 되었다. 왜냐하면 세계는 존재하기를, 존재하는데 필요한 것을 하기를 고통 가운데 원하고 있기 때문이다. 세계는 말하자면 의미의 공간이다. 설사 거기에 이미 상실된 의미 또는 공허한 진리'만이 있다 하더라도 그렇다.

군사적 동요, 지정학적 계략, 어리석은 찡그린 얼굴과 거짓말한가운데에서 '의미'와 '진리'라고 말하는 것은 '이상주의적'인 것이 아니다. 그것은 사물 자체와 접촉하는 것이다. '전 지구적 통합화'라는 이름 아래 점점 더 깊어져가는 세계의 벌어진 틈 여기저기에서, 바로 공동체는 분열되어 있으며 그 자신과 마주하고 있다. 예전에 공동체는 총체적 인간을 수임(受任)할 수 있는 위치에 올라가려고 할 필요 없이, 개별적이고 자율적인 것으로 생각되었었다. 그러나 세계가 더 이상 세계가 되기를, 또한 인간이 인간이 되기를 그만두고 있다(바로 그러한 의미에서 인간은 '최후의 인간'이 되었다). '그' 공동체가 (마치 하나의 단일성만이 있어야 하는 것처럼, 마치 공동으로 소유하는 단일한 본질이 있어야 하는 것처럼) 어떤 이상한 단일성을 더듬거리며 말하기 시작하고 있다. 그러나 그때 '그' 공동체는 벌어진 틈을 갖고 있으며, 자신 안에서 균열과 마주하고 있다. 즉 그때 '그' 공동체는 자신 안에 단일성과 본질이 부재한다는 것, 그리고 그 부재 위에 열려 벌어

2 그에 대한 반증을 들어보자. 로마가 (오늘날 미국이 끊임없이 그렇게 하고 있는 것처럼) 제국의 국경에서 질서 유지를 위해 전쟁을 벌이고 있었을 때, 로마는 세계의 다른 절반과 마주하고 있는 세계의 절반이 아니었다. 제국은 별도의 하나의 질서였을 뿐이고, 단수(單數)적인 민중들은 또 다른 질서를 형성하고 있었다.

져 있는 틈이 있다는 것을 이해하고 있다. '그' 공동체는 공동체에 반대하는 공동체, 낯선 공동체에 반대하는 낯선 공동체, 친숙한 공동체에 반대하는 친숙한 공동체이며, 스스로 분열되고, 그 자체 소통과 연합의 가능성을 갖고 있지 못한 모든 다른 공동체들을 분열시킨다. 유신론과 무신론 같은 일신론은 그 내부에서 그 자체와 대립해 마주하고 있으며, 그러한 이유 때문에 우리의 현재 조건을 이루는 도식이다.

그러한 자신과 마주한다는 것이 공동-내-존재être-en-commun의 법과 의미 자체여야 한다. 바로 거기에 사유 작업에서의 강령이 있을 것이다. 그로부터 즉시 이러한 다른 강령이 따라 나온다. 마주한다는 것은 그것이 이해될 때, 상호 파괴가 마주함의 가능성 자체와 더불어 공동-내-존재의 가능성 또는 함께-있음être-avec의 가능성까지 파괴한다는 것을 이해하는 것이다.

'공동le commun'이 '함께라는 것l'avec'이라면, '함께라는 것'은 절대전능의 힘과 전적인 현전이 배제된 공간을 가리킨다. '함께'하면서, 상호간의 유희로 인해 서로 마주하고 있는 힘들만이, 서로 간격을 두고 있는 현전들만이 있을 수 있을 뿐이다. 서로 간격을 두고 있는 현전들, 왜냐하면 그 현전들은 단일하고 순수한 현전들(주어진 대상들, 스스로에 대한 확실성 가운데 강화된 주체들, 무기력과 엔트로피의 상승에 지배되고 있는 세계)과는 언제나 다른 것이 되어야 하기 때문이다.

우리가 서로 마주하고 있다는 것에 대해 어떻게 정면으로 생각해보고, 우리의 벌어진 틈을 어떻게 정면에서 볼 수 있을 것인가? 그것도 우리의 벌어진 틈에 빠져 함몰되기 위해서가 아니라,

거기에서 우리 자신을 진정 사실대로 직시하면서 우리 자신과 마주할 수 있는 힘을 어떤 일이 있어도 길어내기 위해서, 그게 아니라면 마주한다는 것은 혼잡하고 맹목적인 혼란만을 가져올 뿐이다.

그렇지만 구렁을 정면에서 바라본다는 것과 스스로를 시선 가운데 마주한다는 것은, 타자의 시선이 언제나 측량할 수 없는 것만을 향해 열려 있다는 것을 전제한다. 타자의 시선은 언제나 절대적으로 기이한 것만을, 입증될 수는 없지만 붙들고 있어야만 하는 어떤 진리만을 향해 열려 있다.

3중의 기이함. 멀어져 간 타자의 기이함, 퇴각한 동일자의 기이함, 확실하지 않으며 아마 감당할 수 없는 것을 향해 돌아선 역사의 기이함. 친절을 가장하면서 너무나 많이 낭송된 '이타주의적' 도덕에 반대해, 이방인과의 준엄한 관계를 붙들고 있어야 한다──이방인의 기이함은 실존과 현전의 조건이다. 또한 우리 고유의 생성과 우리의 찢긴 상처에서 나오는 어두운 광휘 앞에 우리를 노출시키는 것을 붙들고 있어야만 한다.

서양을 단죄하는 것도, 어떤 신비한 동양을 요구하는 것도 문제가 되지 않는다. 자신 안에서 자신 때문에 균열에 의해 갈라진 세계를 사유하는 것이 문제가 된다. 그 균열은 세계의 가장 먼 역사로부터 발생한다. 최악을 위해서든,──누가 아는가?──보다 덜 나쁜 것을 위해서든, 그 균열로부터 세계의 어렴풋이 떠오르는 의미가 오늘날 어떻든 간에 구축되어야 할 것이다. 세계의 어렴풋이 떠오르는 의미, 그 의미는 불분명해진 의미가 아니다. 어렴풋이 떠오를 수밖에 없다는 것이 그 의미의 구성 조건이다. 그러한 의미를 구축한다는 것은 어렵지만 불가피한 일이다. 거기에 우리가 받아들여야만 하는 불가피함nécessité이 있으며, 불가피함이라는 말이 갖는 두 가지 의미에서 그렇다. 즉 거기에 우리의 궁핍함pauvreté과 우리의 의무obligation가 있다.

(이어지는 텍스트는 요청에 따라 이탈리아에서 발표되었다. 그 배경 상황은 다음과 같다. 이 텍스트는 모리스 블랑쇼의 『밝힐 수 없는 공동체』의 번역 교정을 본 신판의 서문으로, 밀라노의 SE 출판사에서 출간될 것이다. 출간을 권유했던 알레산드로 판포니Alessandro Fanfoni에게 감사를 드린다.)

밀라노의 SE 출판사는 모리스 블랑쇼의 『밝힐 수 없는 공동체』의 교정 번역본에 소개 글을 써주기를 내게 부탁하였다. 저자가 밝혔던 대로, 이 책은 '무위(無爲)의 공동체'라는 제목으로 출간된 나의 논문과 공명을 울리면서 씌어지고 출간되었다. 이탈리아의 독자들은 그 배경 상황에 대한 명확한 이해가 없다고 내게 말해주었다. 그들의 요청은 내가 문제점을 스스로 정확하게 따져볼 기회가 없었던 어떤 국면을 재검토하는 데 분명 우리가 관심이 있다는 사실로 비쳐졌다.

1980년대 '공동체'에 대한 철학적 텍스트들이 씌어지게 된 배경의 역사는 정확히 기술될 필요가 있다. 왜냐하면 그것은, 다른 역사들 사이에서, 다른 어떤 역사보다도 더 잘 그 시기의 유럽에서의 사유의 심원한 움직임을 드러내 보여주기 때문이다. 그 움직임은 크게 달라진 상황에서이기는 하지만, 여전히 우리를 지탱하고 있으며, 그 움직임 가운데 이제 '공동체'라는 모티프는 주목받기보다는 특이한 방식으로 어둠 속에 묻혀 있는 것처럼 보인다(특히 이 시점, 내가 글을 쓰고 있는 2001년 10월 중순이 그러하다). 『무위의 공동체』에서 나는 그 역사의 발단에 대해 짧게 언급할 수 있었을 뿐이다. 거기로 나는 이 서문을 쓰게 되는 기회에 다시 돌아가보려고 하며, 시간이 지나간 만큼 모든 것이 더 잘 이해될 수 있으리라 본다.

나는 방금 답답한 상황— 공동연합주의를 표방하는 위협적인 세력들과 공동연합주의로 인해 발생한 모든 종류의, 모든 '세계' (구세계 · 신세계 · 제3세계 · 제4세계 · 남북 세계 · 동서 세계)에서의 전쟁들— 을 되돌려보았다. 그렇게 했던 것이, 실존에 먼저 속하기 때문에 사유의 영역으로 들어오는 어떤 움직임을 다시 추적해보는 데에 아마 유효할 것이다.

*

1983년 장-크리스토프 벨리Jean-Christophe Bailly는 그가 크리스티앙 부르고아Christian Bourgois에서 출간했던 잡지, 『알레아Aléa』의 다음 호를 위해 하나의 주제를 제안하였다.[3] 그 주제

---

3 그는 몇 해 지나지 않아 그 잡지를 폐간해야 했고, 몇 년 후에 그는 나를 포함해 몇 사람들(라쿠-라바르트Lacoue-Labarthe, 알페리Alferi, 프로망-뫼리스Froment-Meurice……)과 보다 중요한 다른 잡지를 창간하려고 했다. 우리는 하나의 '노선'이나 하나의 선언에 따라 스스로를 정의하기를 거부했었고, 그에 따라 정녕 복잡하고 다양한 계획을 가지고 있었다. 벨리는 거기에 동의할 수 있는 출판사를 찾지 못했다. 하나의 '이데올로기'에 기반해 잡지를 창간하는 시대는 (『텔 켈Tel quel』과 몇몇 다른 잡지들과 함께) 우리에게 끝난 것으로 보였다. 즉 '공동체'를— 설사 "공동체"라는 말을 사용하지 않았다 하더라도— 형성하려는 잡지의 시대가 말이다. 사실 가변적이었던 우리의 그룹은 공동체를 만들지 않았다. 1950년 이후로 프랑스에서 잡지들이 지나온 역사는 '이념'에 기초한 그룹 · 단체 또는 공동체가 점진적으로 사라져왔음을, 그에 따라 '공동체'에 대한 일반

는 '공동체, 다수(多數)La communauté, le nombre'로 정식화
되었다. 그 주제의 언명에서 드러나는 뛰어난 생략법(거기에서
벨리의 뛰어난 기교에 따라 정확함과 우아함이 경쟁하고 있다)은
원고 청탁을 받자마자 나를 사로잡았고, 나는 지금까지도 그 시
의 적절함에 감탄하고 있다.

'공동체'는 그 당시 사상적(思想的) 담론에서 무시되고 있었던
말이었다. 그 말은 의심의 여지 없이 '유럽 공동체'라는 조직을
지칭하기 위해 한정적으로 쓰였었다. 약 20년 후 오늘날 그 '유
럽 공동체'가 공동체라는 개념을 정녕 유보할 수밖에 없는 것으로
남겨놓았다는 것을 우리는 잘 알고 있다. 그러한 사실은, 우리로
부터 떠나버렸지만 여전히 우리를 사로잡고 있고 거북하게 만드
는 '공동체'라는 물음을 우리가 계속 붙들고 있다는 사실과 무관
하지 않다. '공동체'라는 말과 그 개념은, 우리가 알았었든 몰랐
었든, 나치의 Volksgemeinschaft(우리가 아는 의미대로, '민중의
공동체')라는 덫을 지나갈 수밖에 없었다. (독일에서 사실
Gemeinschaft라는 말은 여전히 좌파 쪽에서 적의에 찬 반사 작용을
촉발했었다. 1988년 번역되어 나온 내 책은 베를린의 한 좌파 신문
에서 나치의 것으로 다루어졌었다. 반면 1999년 구동독에서 창간된
베를린의 한 신문은 '공산주의의 회귀Retour du communisme'라는
제목 하에 같은 책에 대해 긍정적으로 말했었다. 이 두 가지 일화는
'공동체'라는 말이 그 책과 함께 야기한 이중적 애매함과 모호함과

___

적 표상이 변해왔음을 보여주고 있다. 바타유가 창간한 잡지, 『비평Critique』은 그 원칙
에 있어 모든 이론적 정체성(동일성)에 대한 추구로부터 멀리 떨어져서, 완전히 다른
전제를 표방했었다. 그러나 그 잡지는 1960년대와 1970년대에 그래도 어떤 '그물망' 효
과를 불러일으켰었다. 말하자면 그 잡지는 모든 공동체로부터 벗어나 있었던 자들에게
하나의 공동의 장소였다.

아마 아포리아를, 하지만 또한―꼭 강박적이라고 말할 수는 없지만―집요한 요청을 잘 요약해 보여주고 있는 것처럼 보인다.) 또한 1983년에 사회주의적 믿음은, 어느 정도였든 어떤 형태로든, '공산주의'라는 말에 애정을 간직하도록 했다(그 실상을 폭로하는 것이 더 이상 문젯거리도 되지 않았던 '현실의 공산주의'에 반대해 '공산주의'에 대한 원래의 요구를 다시 간직한다는 가정 하에, 이를 이해해야 할 것이다).

한편 공동체가 하나의 사실이나 하나의 소여(所與)를 나타내고 있는 것처럼 보이는 반면, '공산주의'는 하나의 이념과 계획을 가리키고 있다. '공산주의'는, 주어지지는 않았지만 공산주의가 목표처럼 삼고 있는 '공동체'를 위해 선언된다. 벨리의 언명을 나는 즉시 이렇게 이해했다. '공동체는 도대체 무엇인가?'―이러한 물음은 묵시적으로 다음의 물음으로 대치된다. '어떤 공산주의, 공동연합주의 또는 공동 회합이 계획하고 있는 것인가?' '도대체 무엇인가?' 나아가 '공동체의 존재는 어떠한가? 어떠한 존재론이, 잘 알려져 있지만 개념상으로는 매우 불확실한 말인 **공동**이 나타내고 있는 것을 해명할 것인가?'

개념만이 검토를 필요로 하고 있었다. 따라서 일반적으로 **계획**〔공동체의 계획〕이 진행되는 순서를 고려해본다면, 원고를 쓰라는 권유 자체가 이미 신중함을 보여주는 것이었다. (벨리는 극단적이고 단호하게 좌 쪽으로 기울어져 있었다. 그는 정당으로서의 공산당에 속해 있지는 않았지만 극좌에 속해 있었다.) 오로지 이 **공동체**라는 말을 명확히 해야 했었다. 그 말은 분석과 문제 제기의 프로그램에 들어와 있었다.

다른 관점에서이기는 하지만, '다수'라는 말 역시 뜻밖의 것이었다. 즉시 그 말은 명백하게 세계 인민의 다수성뿐만 아니라, ─ 그 결과로서, 또는 그 질적인 측면에서의 귀결로서 ─ 상위의 단일 체제를 벗어나 차이들을 확산시키며 소규모의 그룹들·개인들·무리들·주민들 내로 흩어져 퍼져 나가는 다양성을 환기시켰다. 그 점에서 '다수'는 전쟁 전에(르 봉Le Bon,[5] 프로이트 등), 또는 다른 각도에서 전쟁 후에 나왔던 몇몇 분석들에서 '대중' 또는 '군중'이라 여겨졌던 것을 교정하고 변형시켜놓는 것을 의미했다. '계급들'과 '대중들'은 각각 임무를 띠고 역사적 자리에 놓였었다. 또한 어떻게 공산주의가 전자에 가해진 실험이었던 반면, 파시즘은 후자에 가해진 실험이었는가를 우리는 알고 있었다.

따라서 벨리의 그 언명〔'공동체, 다수'〕을 우리에게 상속된 '전체주의(들)'의 문제를 짧고 분명한 방식으로 요약한 것으로 읽을 수 있었다. 여기서 '전체주의(들)'의 문제는 더 이상 정치의 관점에서 직접적으로 제기되었던 것이 아니다. 요컨대 무엇이 '좋은 정부'인가를 생각해보는 것이 중요한 것이 아니었다. 그것은 존재론적 관점에서 이해되어져야 했다. 다수가 그 유일한 현상 ─ 나아가 물자체(物自體) ─ 이라면, 공동체란 무엇인가? 국내적인 것이든 국제적인 것이든 어떠한 '공산주의'도 어떠한 사회주의도, 공동체의 최소한의 형상이나 형태나 구도조차 더 이상 지탱해주고 있지 못하다면, 공동체란 무엇인가? 나아가 다수의 다양성이 형태화(형성화·구조화·공보화〔公報化〕)되기를 기다리는 대중의 가치가 아니라, 산종(散種, 종자가 갖는 증식성)이라 불러야 할지 또는 분산화(불모의 파편화)라 불러야 할지 모르는 흩어짐 가운데 그 자체로 가치를 갖는다면, 다수란 무엇인가?

---

5 구스타브 르 봉Gustav Le Bon(1841~1931): 프랑스의 사회심리학자. 그는 프랑스 근대 민족주의의 기초를 놓았고, 파시즘과 나치즘의 탄생에 기회를 주었다(옮긴이).

*

그런데 벨리가 그 주제를 제안했을 때, 나는 정치적 각도에서 바타유에 대해 생각해보는 강의의 막바지에 접어들고 있었다. 거기서 나는 파시즘과 공산주의를 벗어나는 동시에 민주적 또는 공화적(아직 '시민적[市民的]citoyen'이지 못한) 개인주의를 벗어나는 진정 새로운 원천이 있을 수 있다는 가능성을 찾고 있었다("시민"이라는 개념은 이전부터 그 같은 문제에 답하고자 했었지만 그것을 거의 심화시키지는 못했다). 내가 바타유를 연구한 이유는 그에게서 공동체라는 말과 모티프가 순환적으로 나타나고 있음을 알고 있었기 때문이었다─그러한 나의 연구의 동기는 또한 벨리의 언명의 동기이기도 했었다(그는 바타유를 참조하지는 않았지만 당연히 바타유를 알고 있었다). 이러한 상황에 직접적인 것은 아니지만 정치적 입장─또는 오로지 정치적이지만은 않은 입장─이 분명히 드러나 있었다. 그와 내가 마찬가지로 쟁점에 대한 명확한 의식이 없었다고 하더라도 말이다. '정치적인 것'의

─────────

5 데리다와 알튀세르Althusser의 후의에 힘입어, '정치철학연구소Centre de recherches philosophiques sur le politique'(하지만 거기에 알튀세르는 한 번도 참여하지 않았다)는 윌름 가rue de l'Ulm의 고등사범학교l'Ecole normale supérieure에 속해 있었다. 필립 라쿠-라바르트Philippe Lacoue-Labarthe와 나는 1981년 '정치적인 것의 퇴각retrait du politique'이라는 개념을 기본 모티프로 그 연구소에 제안했었다. 몇몇 사람들이 생각했듯이, '정치적인 것의 퇴각'이라는 표현에 정치적 심급(審級)에서 물러나자는 요구가 들어 있었던 것은 아니다. 오히려 거기에 당시 뚜렷하고 명확하게 윤곽 잡혀 있지 않았던 정치적 심급을 되새겨보자는 요구가 나타나 있었다. 결국 우리의 연구는 이어지는 공동체에 대한 연구와 평행 관계를 이루고 있었다. 그러나 우리는 어떤 점에서는 두 연구의 일치점을 찾지 못했다. 다만 진정한 또는 정당한 정치에 근거해 공동체를 정의하는 것이 불가능한 것만큼이나, 분명한 이해의 대상이 되는 어떤 공동체를 기반으로 정치를 근거짓는 것이 불가능하다는 것을 우리는 정확히 증명하였다. 나는 이제 '정치적인 것'이란 모티프와 '공동체적'이란 모티프 사이의 편차가 그 자체로, 끊임없이 명확

전면 또는 퇴각에 '공동이라는 것' '함께라는 것' '여럿이라는 것'
이 있었다. 그러나 우리는 아마 현실의 그러한 질서를 어떻게 사
유해야 할지 전혀 알지 못했었을 것이다.

강의에서 행해졌던 작업들은 나를 만족시키지 못했다. 바타유
는 어떤 진정한 새로운 정치에 접근할 수 있는 가능성을 나에게
남겨주지 않았다. 반면 드러나지 않았던 여러 관점에서 본다면,
그는 정치적 가능성 그 자체를 가지고 있었다. 전쟁 후에 씌어진
텍스트들에서부터 마지막 텍스트들까지 그는 전쟁 전에 자신의
사유에서 나타나 있었던 정치적 분위기에서 벗어나 있었다. 유
사한 맥락에서, 그는 더 이상 사회 '과학'과 경쟁하려 하지 않았
을 뿐만 아니라 더 이상 그룹이나 '학회'를 세우려 하지 않았다.
그가 파시즘의 제1원동력으로 본 충동적이고 '과격한 행동주의
적인' 에너지를 '성스러운 사회학'에 적용하는 것이 더 이상 그에
게 문제가 되지 않았다. 이질성의 논리에 기초한 소요(騷擾)는
성과 없이 끝났다. 전쟁은 민주주의의 승리로 끝났고, 그에 따라
법열(法悅)의 extatique 힘은 날것으로 세상에 드러날 수 없었으
며, 정치적 계획들은 어두움 가운데 무산되었다.

따라서 바타유는 '최고 주권'을 정치적이 아닌 존재론적이고
미적(美的, 오늘날 우리는 윤리적이라고 말할 것이다)인 개념으로
삼게 되었다. 같은 맥락에서, 그는 스스로 '연인들의 공동체'라
불렀던 것에 특별히 보존되어 있는, 공동체의 강한(정념의, 또는

하게 밝혀질 필요가 있었던 난제의 전조를 보여주었다고 말하고 싶다. 또한 그 편차는
요컨대 (보다 정치적인) 라쿠-라바르트와 나 사이에, 우리 공동 연구 내부에서 지속적
으로 있었던 편차였다……(그에게 '공동체'는 우선 파시스트적 도취와 언제나 연결되
는 것이었다. 우리는 그 문제로 다시 돌아갈 것이다). 그러나 그 편차가 발생하게 된 이
유는 우연이 아니며 어떠한 사적인 것도 아니다. 그 시기의 내력을 참조해서 우리는 이
러한 세부 설명에 여러 다른 연구들과 여러 다른 사람들의 이름들을 거론할 수 있을 것
이다.

신성한, 내밀한) 끈을 고려하는 데에 이르게 된다. '연인들의 공동체'는 사회적 끈과의 대비 하에, 그리고 그에 반하는 역설로 나타났다. 사회를 구축하는 것으로 가정된 것은 내밀성이었다. 내밀성은 위반을 통해 사회에 균열을 가져올 수도 있는 것이었지만 사회 바깥과 사회 안 모두에 있는 것이었다. 그리고 그것은 정치의 영역 바깥에 있는 것이었다.

그에 따라 나로서는 모든 시대가 어렴풋이 드러나지 않게 증명해온 하나의 사실, 즉 정치와 공동−내−존재 사이의 단절의 틈[6]을 확인하는 것 같았다. 반면, 강렬한 내밀성의 공동체, 또는 동질적이며 늘어날 수 있는 끈을 통한 사회라는 바타유의 준거점은 모든 점에서 내게 이렇게 나타났다. 즉 공동체가 바라던 위치(거기에 우리는 사랑 속에서 도달하거나, 그것을 사회 속에서 포기한다)는 내면성 가운데, 현실화된 어떤 단일성의 자기 현전 가운데 있다는 것. 따라서 나로서는 공동체가 갖는 그러한 전제를 분석할 필요가 있는 것으로 보였다── 설사 그 전제가 불가능한 것으로 정의되고, 그에 따라 "어떤 공동체에도 있지 않은 자들의 공동체"로 돌아가게 되는 것을 의미한다 하더라도 말이다. ("어떤 공동체에도 있지 않은 자들의 공동체"라는 표현을 나는 지금 바타유의 것인지 블랑쇼의 것인지 알아보지 않고 기억에 의존하여 인용한다.[7] 나는 이 대목을 텍스트를 다시 참조하지 않고 쓰기로 결정

---

6 그 단절의 틈과 관련해 다음을 생각해보자. '민중'이 어쨌든 정부−국가의 형태에 흡수되면서 그 자체 사라져버리게 되는 데 따라, '민중의 숙명'으로 여겨졌던 정치 역시 사라졌다. 또한 그와 대칭적으로, 폴란드에서 솔리다리노시치Solidarność[공산 정권 시절 폴란드에서의 연대 노조]의 역사가 보여주듯, '시민 사회'라 최근 새로이 명명된 단일체의 권익을 위해 국가 정치가 사라지기도 한다. 또한 정치 자체가 '인권'을 실행하기 위해 경계를 게을리 하지 않는 실천으로 환원되기도 한다.

7 "어떤 공동체에도 있지 않은 자들의 공동체communauté de ceux qui sont sans communauté." 낭시는 이 표현이 바타유의 것인지 블랑쇼의 것인지 알아보지 않고 기

했는데, 그렇게 해서 내 자신 안에 각인된 움직임을 돌이켜 보여줄 수 있는 기억에 자리를 남겨둔다. 텍스트를 다시 읽게 된다면 나는 역사를 다시 쓰게 되고 말 것이다.)

그에 따라 공동체에 대한 어떤 표상이 철학의 전통을 가로질러 계속 이어져 내려오고 있다는 생각이 나에게 주어졌다. 그 표상은 바타유가(이전에는 의심의 여지 없이 마르크스가) 철학의 전통을 극복하거나 넘어서는 가운데에서조차 염두에 두고 있었던 것이다. 그 표상은 공동체는 스스로 구축되는 것을 자신의 고유한 과제œuvre로 삼는다는 것을 의미한다.[8] 그 표상이 보여주고 있는 공동체의 본질적 특성을 나는 '전체주의'에 대한 성찰(그 성찰은 모든 점에서 이 시기에 특징적인 것이었으며, 모두에게 숨을 가다듬기를 요구하였다)을 통해 구명하게 되었다. 한편 까다롭고 불안정하며 부분적으로는 흡족치 않은 바타유의 성찰에 따라 사〔유〕하게 되었던 것이 바로, 나로서는, '무위(無爲)의 공동체 communauté désœuvrée'라 부를 〔수〕 있어 보이는 것이었다.

블랑쇼가 바〔타유〕에 가까이 접근했〔을〕 때, 즉 그가 나와 타자 사이의 '우정amitié'이나 〔끝없는〕 대화en〔tr〕etien infini'라 불릴 소통 그리고 공동체에 가까이 접근했을 때, 〔그가 쓰고 있〕는 말을 원용하였다. 그러한 단수적(單數的)이고 어〔떤〕 점에서는 은밀한 〔침〕묵의 소통에서, 문제가 다시 제기되는 것을 〔가〕리는 주사위를 던지게끔, 하나의 말이 나에게 찾아왔던 것이다.

억에 따라 그냥 썼다고 말하고 있다. 원래는 "어떤 공동체도 이루지 못한 자들의 공동체communauté de ceux qui n'ont pas de communauté"이며, 이것은 블랑쇼가 『밝힐 수 없는 공동체』 "제1부 부정의 공동체"의 첫머리에 명구(銘句)로 인용한 바타유의 문장이다(이 책, p. 11 참조-옮긴이).

8 정확히 이 점에 '국가심미주의national-esthétisme'로서의 나치주의에 대한— 특별히 하이데거의 나치주의에 대한— 라쿠-라바르트의 성찰이 겹쳐졌다.

공동체라는 모티프는 다시 한 번 문제가 되자 이어서 몇 년 동안 커다란 관심을 불러왔다. 또한 어떠한 공산주의적 또는 공동연합주의적 계획에 의해서도 이를 수 없었던 인간이나 존재의 영역을 다시 규명하는 것이 얼마나 필연적인 일인가가 밝혀졌다. 그 영역을 다르게 규명한다는 것은 사실 더 이상 그 영역 자체 내에서 그 영역을 규명하지는 않는다는 것을 의미했다. 즉 그것은 공동체가 실체이며 그 자체 가치라는 동어반복(그것은 의심의 여지 없이 언제나 어느 정도는 기독교적 지표―말하자면 사도들의 원시 공동체·종교적 공동체·성당·교단―에 따라 표명되었으며, 그 점에서 바타유의 출발점은 사실 매우 분명한 것이었다)으로부터 빠져나온다는 것을 의미했다. 블랑쇼의 책들과 나의 책 이후에 공동체를 주제화하고 규명하려는 일련의 연구들이 있었다. 그 연구들은 지금도 계속되고 있지만, 미국에서 재평가되었고 또 다른 검토를 요구하는 '공동연합주의communautarisme'[9]의 맥락에서 그러하다.

*

내가 **무위의 공동체**라는 제목으로 발표했던 논문에 대한 응답으로 블랑쇼는 『밝힐 수 없는 공동체』를 썼고, 그사이 나는 그 논문을 한 권의 책으로 확장시켜보려 하고 있었다. 그의 응답은 내게 충격을 주었다. 왜냐하면 무엇보다도 블랑쇼는 주의를 환기시켜 공동체라는 모티프의 중요성을 증명해 보여주었기 때문

---

9 나는, 저서 제목에 '공동체'란 말이 포함되어 있든 아니든, 여러 다른 연구들 중에 되는 대로 아감벤Agamben · 랑시에르Rancière · 라클라우Laclau · 무페Mouffe, 이후의 페라리Ferrari, 이어서 에스포지토Esposito의 연구들을 기억해본다.

있다는 것을──나아가 그렇게 하는 것을 억제하고, 그렇게 하는 것에 대해 순결함이나 부끄러움을 가져야 한다는 것을──강조한 다(생각건대 이러한 어조가 블랑쇼의 텍스트에 나타나 있다).

밝힐 수 없는 것은 말할 수 없는 것이 아니다. 반대로, 밝히기를 원했었는지도 모르지만 밝히지 않는 자들의 내밀한 침묵 속에서, 밝힐 수 없는 것은 끊임없이 말해지거나 스스로를 말한다. 나는 블랑쇼가 그 침묵을 내게 **명하기**를 원했었다고 생각하고 있다. 다시 말해 그는 그 침묵을 내게 지시하고, 그 침묵이 나의 내밀성 안에 내밀성 자체로서 들어오게 하기를 원했었다. 내밀성 자체, 즉 어떤 소통이나 어떤 공동체의 내밀성. 모든 무위보다 더 깊이 감추어져 있는 내면의 **과제로** 남아 있는 내밀성, 모든 무위를 가능하게 만들고 필연적으로 만드는 내밀성. 그러나 어떤 무위 속에서도 사라지지 않는 내밀성. 블랑쇼는 내게 연합의 공동체를 부정하는 데 머무르지 말기를, 그리고 그 부정성에 대해 사유하기 이전에 공동의 비밀과는 다른 것인 공동이라는 것 자체가 가진 비밀에 접근해 사유하기를 요구하였다.

*

나는 지금까지 더 멀리 계속 분석해 나아가지 않았다. 사실 이번에 내가 블랑쇼의 텍스트에 대해 응답하면서 그렇게 할 수 있었을 것이었다. 나는 그와 교환한 편지에서도 그렇게 하지 않았다. 왜냐하면 편지가 텍스트를 대신할 수는 없기 때문이다. 텍스트는 그 고유의 영역에서 다른 텍스트로 전달되어야만 한다(그런데 **편지 교환**correspondance이란 무엇인가? 그 말에 들어가 있는 **교**〔交〕· **공**〔共〕co-, 또는 **함께**com-란 어떤 것인가?). 하지만 나는 텍스트를 통해서도 그렇게 하지 않았다. 왜냐하면 고유한 연구 규칙에 따라 나는 영감을 계속 쫓아가지도, "공동체"라는 주제를 계속 쫓아가지도 않게 되었기 때문이다.

사실 나는 그 말, '공동체'보다도 '더불어-있음être-ensemble' '공동-내-존재' 그리고 결국에는 '함께-있음être-avec'과 같은 볼품없는 표현들을 더 선호하게 되었다. 일시적인 것이라 하더라도 그러한 변동과 포기에는, 언어가 볼품없게 되어버린 데에는, 이유가 있었다. 여러 가지 면에서 나는 '공동체'라는 말을 사용하는 데에 위험이 있다고 보았다. 그 말은 어쩔 수 없이 충일한 것, 나아가 실체와 내면성으로 부풀려진 것으로 들려왔고, 기독교(박애와 공동 회합의 정신 공동체)나 보다 넓은 관점에서 종교(유대 공동체 · 기도[祈禱] 공동체 · 신자들의 공동체 ─ 움마 umma[11])를 불가피하게 가리키고 있었다. 또한 그 말은 소위 '인종성(人種性)ethnicité'을 뒷받침하고 있는 말이기에 경계할 수밖에 없는 것이었다.[12] 어떤 개념에 대한 강조가 필요할 수도 있다. 하지만 그 개념은 지나치게 해명되었기에 어쨌든 그 시기에 공동 연합주의에 대한 충동이나 나아가 파시스트적 충동이 되살아나는 맥락에 놓여 있었다(2001년, 우리는 우리가 이제 어디에 있는지, 그러한 종류의 충동과 관련해 어디를 지나왔는지 알고 있다).

그에 따라 나는 '함께라는 것'에 대해 연구를 집중시키기를 원하게 되었다. 공동체의 '공(共)'과 거의 구별되지 않는 '함께라는 것'은 그렇지만 가까움과 내밀성이라는 의미 안에 간격 두기

---

11 움마는 이슬람교의 신앙 공동체, 즉 이슬람 공동체를 가리킨다. 움마는 현대 아라비아 어에서는 민족, 국가라는 뜻으로도 쓰인다(옮긴이).

12 곧바로 반대와 유보가 이어졌다. 가령 설사 우정 어린 것이었다 하더라도 데리다와 바디우Badiou의 반대와 유보가 표명되었다. 방금 말한 그러한 점에서 데리다는 블랑쇼와 나 모두에 반대하였으며, 바디우는 '공동체'를 '평등'으로 대치하기를 요구하였다.

라는 의미를 뚜렷이 담고 있다. '함께'는 건조하고 중성적인 표현이다. 연합도 원자화도 아닌, 다만 장소의 나눔, 기껏해야 접속, 결합체를 갖지 않고 같이-있음(그러한 의미에서 하이데거에게서 미해결로 남은 공동 **현존재**Mitdasein에 대한 분석을 보다 멀리 이끌고 나아가야 한다).

*

그렇기에 나는 아마 다시 블랑쇼의 책을 향해 나아가야 할 것이다. 이 이탈리아어 판[『밝힐 수 없는 공동체』의 이탈리아어 새 번역본]에 서문을 쓰는 것이 그 첫번째 기회일 것이다. 블랑쇼는 지난 수년 동안 서로 나누었던 표식(標識)을 통해, 또한 그 너머에서, 내게 지침을 다시 전해주는 것 같다. '밝힐 수 없는 것에 주의하십시오.' 그것을 나는 이렇게 알아듣는다. 설사 '무위'의 이름으로라도 공동체를 격상시키는 모든 것을 신뢰하지 마십시오. 그러한 말이 가리키는 바를 더 멀리 따라가보자. 무위는 과제 이후에 오며, 무위는 과제에서 유래한다. 사회가 이루어야 할 과제로 설정되는 것(그것을 국가-민족 또는 국가-당(黨), 세계교회 또는 자치교회(수뇌(首腦)를 갖고 있는 교회), 의회와 심의회, 민중·집단성 또는 형제애는 원한다)을 막는 것만으로는 충분하지 못하다. 나아가 이미 공동체의 어떤 '과제'가, 즉 단수적(單數的) 실존이나 종(種)의 일반적 실존에 언제나 선행했었을 나눔의 작용이, 어떤 소통과 감염이 있었다고 생각해야만 한다. 그 소통과 감염이 없었다면 어떠한 현전도, 어떠한 세계도, 절대적이고 일반적으로 있을 수 없었으리라. 왜냐하면 현전과 세계라는 용어는 그 자체 공-실존(共實存)co-existence 또는 공-속(共

屬)co-appartenance — 설사 '공속'이 공동-내-존재에 속한다는 것에 지나지 않는다 하더라도 — 을 함의하기 때문이다. 우리 — 우리 모두 전부, 또한 서로 구별되는 전부 — 사이에 나눔이외에 그 무엇도 아닌 공동의 나눔이 있다. 그 공동의 나눔은 실존이 존재하게 하고 실존 자체에 닿아 있다. 실존이 그 고유의한계로의 노출이라는 점에서 그러하다. 바로 그러한 사실이 우리를 분리시키고 또한 우리를 접근시키면서, **우리** — **고유의** 목소리를 결코 찾지 못하게 되어버린 집합적이거나 복수적(複數的)인 이 주체(그렇게 되어버린 것에 이 주체의 위대함이 있다)가 유지되고 있는 '우리,' 즉 중대한 미결정성 가운데에서의 '우리' — **사이**에 멀어짐을 통한 가까움을 창조하면서, 우리에게 '우리'를 가져다주었다.

무엇의 나눔이 있었는가? 의심의 여지 없이, 어떤 것 — 즉 '밝힐 수 없는 것' — 의 나눔이 있었다. 블랑쇼가 자신의 책 2부에서[13] 가리키고 있는 어떤 것의 나눔이 있었다. 블랑쇼는 자신의 책에서 한 이론적 텍스트에 대한 성찰과 사랑과 죽음에 관한 소설[14]에 대한 성찰을 짝 지워놓으면서 어떤 것의 나눔을 보여주었다. 그 두 성찰의 경우 그는 관계 내에서 쓰고 있다. 그는 그 두 텍스트들 사이의 관계를 설정하기 위해 그에 대한 보고서를 쓰고있다. 내가 보기에, 그는 그 둘을 구분하고 있는데, 하나는 부정적(否定的) 고찰 또는 '무위'를 암암리에 전제하고 있는 고찰에 머무르고 있으며, 반면 다른 하나는 '과제로 설정되지' 않았지만

밝힐수없는 공동체

---

13 『무위의 공동체』를 다루고 있는 1부의 제목은 '부정의 공동체'이며, 2부의 제목은 '연인들의 공동체'이다.
14 마르그리트 뒤라스의 『죽음을 가져오는 병』.

한계들의 체험(사랑의 체험 · 죽음의 체험 · 한계들에 노출된 삶 자체의 체험)의 나눔을 통해 전개된 공동체(밝힐 수 없는 것)에 접근하고 있다.

아마 블랑쇼는 '공동체'의 본질 없는 본질에 대한 그 두 가지 접근이 어떤 지점에서 교차하고 있다(그 사실을 우리가 다시 읽어 본다면 살펴봐야 한다)고 말할 것이다. 그 지점은 블랑쇼의 책에서 둘로 나뉜 부분들 사이일 것이며, 나아가 사회-정치적 질서와 정념-내밀성의 질서 사이일 것이다. 우리를 동시에 복수(複數)의 실존(탄생 · 분리 · 대립)과 단수성(單數性)singularité(죽음 · 사랑)으로 이끄는 강렬함 · 분출 · 상실 · 비움이라는 수수께끼에 대해 어떤 지점에서 사유해야만 한다. 밝힐 수 없는 것이 항상 탄생과 죽음, 사랑과 전쟁에 연루되어 있다.

밝힐 수 없는 것은 부끄러운 어떤 비밀을 가리킨다. 밝힐 수 없는 것은 부끄러운 것이다. 왜냐하면 그것은 두 가지 가능한 형상—**최고 주권**의 형상과 **내밀성**의 형상— 을 통해 밝힐 수 없는 것 일반으로밖에 드러날 수 없는 정념과 관계하기 때문이다. 밝힐 수 없는 것을 밝힌다는 것은 참을 수 없는 것이며, 동시에 그러한 정념의 힘을 파괴할 것이다. 그 정념이 없었다면, 우리는 모든 종류의 같이-있음을, 간단히 말해 모든 종류의 존재를 이미 포기했었을 것이다. 기밀로 남는 최고 주권과 내밀성의 질서에 따라 우리를 세계에 가져다놓는 것을 포기했었을 것이다. 왜냐하면 우리를 세계에 가져다놓는 것은 또한 분리와 유한성의 극단으로, 무한한 만남의 극단으로 우리를 곧바로 이끄는 것이기 때문이다. 그 무한한 만남의 극단에서 각자는 타자들(또한 자신)과 타자들의 세계인 세계 자체와 접촉하면서 사라져간다. 우리를 세계에 가져다놓는 것이 세계를 함께 나누게 하며, 세계에서 최초 또는 최후의 단일성을 제거한다.

따라서 '밝힐 수 없는'은 불순성과 순결성을 여기서 떨어질 수 없게 하나로 묶어서 가리키고 있는 말이다. 그 말은 불순하게 어떤 비밀을 폭로하며, 동시에 그 비밀이 순결하게 비밀로 남아 있으리라는 것을 선언한다.

그렇게 침묵으로 들어온 것은 침묵을 통해 알려진다. 따라서 그 침묵을 통한 앎은 소통의 대상이 될 수 없는 것이지만, 동시에 소통에 대한 앎이다. 그리고 소통의 법은 소통되지 않아야 한다는 것이다. 왜냐하면 소통은 말로 이루어지기는 하지만 소통 가능한 것의 질서 내에 들어가 있지 않기 때문이다. 그러나 그 소통이 모든 말을 연다.

무위의 공동체

*

이 지점에서 나는 하나의 사건과 다시 만나면서 결론에 도달하고자 한다. 세계에 걸쳐, 특히 서양 세계에 걸쳐, 그 가장자리와 (만일 아직 서양 세계의 외적 경계가 있다면) 그 내적·외적 경계에서, 그 사건은 오늘날(나는 다시 말한다, 2001년 10월) 널리 파급 효과를 가져오고 있다. 그 사건에 정념이 폭발할 때 나타나는 모든 특징이 드러나 있다. 정념의 형상들 ─ 절대전능의 신의 형상이든, 그에 못지않게 주술적인 자유의 형상이든 ─ 은 서로 몸으로 부딪히면서 표현된다. 그에 따라 현재 세계의 움직임 가운데 계속 이어지고 있는 강탈·착취·조작과 관련해 우리가 알고 있는 모든 것이 숨겨지는 동시에 드러나고 있다. 이는 자명하다. 그러나 가면을 벗겨버리는 일이 무엇보다 먼저 필요하다 하더라도 그것만으로는 충분하지 못하다. 또한 정념의 형상들이 혹시 어떤 빈자리를 부당하게 차지하고 있지 않은가라고 생각해야만 한다. 그 빈자리는 공동체의 진리가 갖는 자리이다. 분노한 신에게 호소하는 것과 '우리는 신(神)을 믿는다In God we trust'라는 긍정은 서로 대칭을 이루면서 같이-있음에 대한 욕구·욕망·불안을 기계적으로 왜곡하고 있으며, 그에 따라 하나의 과제— 영웅적 몸짓, 웅장한 스펙터클, 만족을 모르는 암거래— 를 만들어내고 있다. 그러한 호소와 긍정은 바로 "신"이라는 너무나 쉽게 밝힐 수 있는 이름 아래 비밀을 은폐하고 있다. 그러한 사실로부터 사유해야 하는 것이 우리의 몫으로 남는다. 어떠한 신도, 주인도, 공동의 실체도 없는 공동체의 비밀 또는 **함께-있음**의 비밀은 어떠한 것인가?

우리는 아직 공동체의 무위에 대한 사유를 충분하게 멀리 밀고 나아가지 않았다. 그러나 그랬기에 우리는 비밀을 폭로하지 않고 나누어 가질 수 있는 가능성을 보존한다. 비밀을 우리 자신에게, 우리 사이에 폭로하지 않고 나누어 가질 수 있는 가능성. 거대한 사유(또는 '이데올로기')들이 권력과 이익의 거대한 판돈을 놓고 벌이는 놀이를 위해 서로 대립하고 있다. 그러한 거대한 사유들 앞에서, 함께-있음을 어떠한 실체에도 종속시키지 않고 함께-있음의 사유 불가능성·지정 불가능성·지배 불가능성에 대해 사유해야 할 임무가 있다. 그것은 정치나 경제와 연관된 임무가 아니며 보다 더 중대한 것이고, 최종적으로 정치적인 것과 경제적인 것을 지휘하는 것이다. 우리는 '문명들 사이의 전쟁' 가운데 있지 않으며, 같은 방식으로 움직이는 세계를 문명화해오고 동시에 야만화해온 단일한 문명이 내부에서 찢겨 나가는 상황 가운데 있다. 왜냐하면 그 단일한 문명은 이미 자체 논리의 극단에 이르렀기 때문이다. 다시 말해 그 단일한 문명은 세계 전체를 세계 자체에 맡겨놓았고, 그것은 인간 공동체 전체를 인간 공동체 자체, 그리고 신과 시장경제의 가치를 갖지 않는 인간 공동체의 비밀에 맡겨놓았다. 다음의 것들과 함께 작업해야 한다. 즉 그 자신과 마주하고 있는 공동체와 함께, 우리 자신과 마주하고 있는 우리와 함께, **함께라는 것**과 마주하고 있는 **함께라는 것**과 함께. 마주함은 의심의 여지 없이 본질적으로 공동체 특유의 것이다. 결국 대면과 동시에 대립이 문제가 된다. 스스로에게 도전하고 스스로를 시험해보기 위해, 자신의 존재와 그 조건인 간격 내에서 스스로 갈라지기 위해 결국 자신 앞으로 나오는 것이 문제가 된다.

2001년 10월 15일[15]

*

　여기서 블랑쇼 책의 서문에 해당하는 2001년 10월 15일에 완성된 첫번째 텍스트가 끝난다. 나는 그 텍스트를 4개월이 지나 2002년 2월에 다시 붙잡았다. 사실 나를 블랑쇼의 책으로부터 다시 그 책으로— 공동체에 대한 물음으로부터, '물음'으로부터 벗어나기 위해 전개되는 사유로— 나아가도록 했던 움직임은 끝

15 여기까지가 2001년 프랑스 갈릴레Galilée 출판사에서 단행본으로 출간된 낭시의 『마주한 공동체』의 전역이다. 이 책에는 블랑쇼의 『밝힐 수 없는 공동체』의 이탈리아어 판 새 번역본을 위해 낭시가 쓴 서문과 덧붙이는 글이 포함되어 있다. 우리는 지금까지 『마주한 공동체』의 프랑스어 판 단행본에 준거해 번역하였다. 한편 갈릴레 출판사는 우리에게 낭시가 『밝힐 수 없는 공동체』의 스페인어 번역본에 붙인 서문을 보내왔다. 거기에서, 그 책의 이탈리아어 판을 위해 낭시가 쓴 서문과 비교해보았을 때 같은 내용이 전개되고 있지만 낭시가 첨가한 부분이 있다. 이어지는 번역은 『밝힐 수 없는 공동체』의 스페인어 판을 위해 낭시가 그 책의 이탈리아어 판 서문에 첨가한 부분에 해당한다(옮긴이).

날 수 없는 것이었다. 반대로 나에게 우리가 그러한 움직임에 끊임없이 실려 갈 수밖에 없다는 것은 언제나 명백한 사실로 보인다. 진정 새로운 본성을 가진 어떤 '공동체'가 우리 사이(우리 모두 사이, 그러나 우리는 누구인가, 민중 또는 여러 민중, 하나의 대륙 또는 여러 대륙, 하나의 세계?)에서 자신의 자리를 찾지 못하는 한, 그럴 수밖에 없을 것이다. 그러나 진정 새로운 본성을 가진 공동체란, 우리가 이미 그 안에 또는 그 주위에 모여 있는 공동체 이외에 다른 어떤 것일 수 없다. '공동체에 대한' 주제 앞에서 우리는, 정당하게, 의견을 서로 달리하고 있고 주저하고 있고 또한 물음을 던지고 있다. 이 모든 사실은 **우리** 모두가 **공동 가운데** 있다는 것을 막을 수 없다. 우리가 누구이든 간에, **우리** 모두가 **공동 가운데** 있다는 이 주어진 사실(그 이하로 거슬러 내려갈 수 없다)의 본성이 무엇이든 간에 말이다. '공동체'가 우리에게 주어졌다. 다시 말해 '우리'를 정당화하기 이전에, 나아가 '우리'라고 명확히 말하기도 전에, 하나의 "우리"가 우리에게 주어졌다.

이로부터 조금 더 나아가 보겠다. 국제적 교역(무역, 따라서 관계, 소통)이라는 거대한 상징이 무너지는 데에 따라, 갑자기 위협적인 형상을 띠고 본성상 종교적이거나 종교적이 되기를 원하는 마주함이 문제가 되었다. 즉 한편으로는 근본주의적인 일신론과, 다른 한편으로는 마찬가지로 근본주의적인 휴머니즘적 유신론이 문제가 된 것이다. 헤겔의 시대라면 우리는 그것을 계몽의 신학에 반대하는 절대의 신학이라 불렀을 것이다. 종교가 공동체라는 모티프를 가져온 것으로 보이며, 그에 따라 어쨌든 종교적 공동체만이 남게 된다. (사실 아테네 이래로, 이어서 로마 이후로, 루소Rousseau 이후로 '시민 종교'의 가능성을 탐색하고 요구하지 않았던가? 그러나 그것은 항상 무너지기 쉬운 것이었고 대개 빨리 사라져 끝나버리고 마는 것이었다.) 역으로, 특별히 일신론에서(유대 교회당·교회·움마는 3대 집합소이다), 종교는 하나의 공동체를 구축할 수밖에 없는 것처럼 보인다. 종교와 공동체 사이의 이러한 상호성은 우리 서양 문화에서 너무나 두드러지게 나타난다. 그에 따라 우리는 '종교religion'의 어원이 '연결시키다relier' '하나의 끈으로 묶다attacher par un lien'를 의미하는 religare라는 것을 참조하지 않을 수 없다. 그래서 우리는 '사회적 끈lien social'이라는 말을 기꺼이 사용하는 것이다(그러한 표현을 루소 역시 이미 쓰고 있다).

그러나 그러한 어원이 정확하지는 않다. 라틴 민족은 또 다른 어원을 알고 있었으며, 우리가 기독교로 인해 끈이라는 관념에 더 크게 의존하게 되었다는 것도 사실이다. 그 또 다른 어원은 명상하다recueillir, 성실한 검토를 위해 자신에게로 돌아오다 ramener à soi pour un examen scrupuleux라는 의미의 relegere 이다. 우리는 이러한 주어진 사실 전체로부터 〔종교와 관련해〕 두 가지 귀결점을 끄집어낼 수 있을 것이다.

하나의 초월적이고 신비한 끈으로 연결되어 있다고 여겨지는 공동체와 하나의 단일성(반복되어 나타난 그 형태들 중의 하나는 로마 파시즘의 표장〔標章〕이었을 것이다)으로 통합되고 격상되게 만든다고 여겨지는 끈 자체는, 사실 연합·합일체와, 나아가 융합의 신비인 공동체적 존재를 표상한다. 공동-내-존재는 '구성원들'이 자신의 의미와 진리를 발견하도록 하는 하나의 공동의 존재와 하나의 기반·윤리·목적을 가정한다. 그러나 근대적 사

무위한 공동체

유의 패러다임인 그러한 공동체가 종교적으로 구성되고 살아 있는 단일성의 육체로 스스로를 축성하기 위해서, 좁고 고유한 의미에서의 종교에서는 소멸되어가는 경향을 보인다. '세속화'라 불리는 모든 과정에서도 사정은 마찬가지이다. 즉 사회적 육체가 신비한 육체의 기능을 담당하게 되고, 최고 주권을 가진 자(민중)가 신성(神聖) 또는 그리스도의 정체성을 인수하게 된다. 그러한 공동체의 신학은 마르크스에게까지 잠정적으로 드러나 있으며, 동시에 어떤 전위(轉位)와 퇴락을 암시하고 있다. 다시 말해 신비적 근본 요소는 시민적(市民的) 근본 요소로 전위되었지만, 시민적인 것은 그 자체가 갖게 된 고유의 신비성에 의해 과장되고 부자연스런 것으로, 나아가 당혹스러운 것으로 남게 된다. 그에 따라 어떤 종류의 것이 되기를 원했었든 간에 시민의 종교들은 실패로 돌아가게 된다. 그에 따라 민주주의는 '최고 주권의 민중'이라는 개념에 기초하고 있었지만, 그 사실로 인해 오히려 암암리에 또는 명시적으로 불안정 가운데 빠지게 된다. 우리의 관심사에 따라 본다면 이렇게 말할 수 있다. 공동체에 대한 종교적 해석을 정치에 적용하는 것이 실패하게 되고, 반대로 정치적인 것이 신학적인 것으로부터 분리되는 결과가 나온다. 공동체를 정치적으로 해석하는 데 따라, 반신학적 정체(政體, 우리의 정체, 즉 공화국이라는 정체)에서는 어떤 빈 곳, 어떤 공백, 또는 —— 빛을 밝혔던 신비가 주어졌어야 했었을 곳에서 —— 어떤 수수께끼가 드러난다. 말하자면 공동의 내밀성 자체 또는 끈을 맺는다는 것 자체가 무엇인지 밝힐 수 있다고 주장하는 한에서, 그것은 정확하게 모호한 것으로 남게 되는 것이다.

반면 '종교'의 또 다른 의미를 드러낼 두번째 특성이 또한 분명

나타난다. 뒤르켕Durkheim('사회학'이라는 말 또는 적어도 사회
적 존재 그 자체에 대한 지식인 '사회학'이라 불리는 것의 창시자)
이 말했던 대로, "계약contrat은 그 자체와 다른 것을 가정한다."
계약은 계약을 맺을 수 있는 가능성뿐만 아니라, 계약에 자신을
내어줄 것과 계약에 참여하기 위해 요구되는 에너지를 가정한다.
이 역학(力學)은 신뢰confiance를, 요컨대 타자들이 참여할 것이
라는 예상을 요구하는 것이다. 신뢰는 함께 갖는 믿음foi이다. 즉
신뢰는 계약이 그 이념 자체와 계약의 유용성과 힘이라는 이념 내
에서 미리 가정하고 있는 충실성fidélité 또는 신용fiduciarité이다.

　계약이 미리 가정하고 있는 '다른 것'은 **믿음**의 질서 내에 있다.
믿음은 근거가 허약한 지식이나 추정(推定)에 따른 지식이라는
의미에서의 확신croyance과 아무런 관계가 없다. 믿음은 지식의
질서 내에 있지 않으며, 지지(支持)adhésion나 관여(關
與)participation(즉 미메시스mimesis가 아닌 메텍시스methexis,
이 두 용어가 분리될 수 있는 것이라면 우리는 그렇게 말할 수 있
다)의 질서 내에 있다. 발레리Valéry가 말한 대로, "사회란 신용
의 기능에 따라 존재하며, 위임credo과 신임crédit을 가정한다."
그러나 '위임 또는 신임'은 다른 아무 데도 아닌 오직 사회 자체
내에서만 이루어지는 믿음의 행위이다. **내맡김**fiance은 **공동의 내
맡김**con-fiance인데, 왜냐하면 **내맡김**은 공-실존(共-實存)co-
existence의 공(共)co-에 내맡김이기 때문이다. 또는 공은 공에
내맡김으로써만 가능해진다. 그렇기에 공은 그 자체로는 아무것
도 아니거나, 아니면 정확히 이러한 신뢰confiance의 행위 자체
인 것이다.

이러한 두번째 방향에서 우리는 religio의 두번째 의미에 접근하게 된다. 여기서 공동이라는 것의 수수께끼는 밝혀져야 할 신비나, 반대로 어떤 신비주의의 미명 아래 보존해야 할 신비가 더 이상 아니다. 수수께끼는 신뢰라는 것이 갖는 비밀에 있으며, 여기서 비밀은, **내맡김과 공**이 암암리에 미리 전제되어 있는 신뢰 자체이다. 따라서 성실성으로서의 religio는 신뢰라는 것에서 비롯되는 비밀 앞에서 조심성을 갖는다는 것이며, 비밀의 감독과 감시 하에 놓인다는 것이다. 왜냐하면 그 비밀은 소통될 수 없는 비밀이기 때문이다, 왜냐하면, 그것은, 소통(경제적 측면에서 이루어지는 소통이든, 언어적·감정적 또는 성적〔性的〕측면에서 이루어지는 소통이든)에 참여하고 소통을 보장하고 시도하는 데에 있어서, 소통될 수 없는 비밀이기 때문이다. 또한 의심의 여지 없이 소통은 언제나 그 모든 측면들(그것들이 교차되는 비율이 어느 정도이든 말이다)에서의 소통이다.

달리 말해, confidentia〔신뢰〕의 cum〔공〕은 사실 '함께'를 나타내지 않으며(conspicio〔바라보다, 고려하다, 검토하다〕나 conficio〔제조하다, 만들다, 완성하다, 실행하다〕에서처럼) 완수의 의미를 갖는 접두사로서의 가치를 갖고 있다. 즉 fides〔믿음, 진실성, 정직성, 충실성, 신중함〕, fiducia〔신뢰, 보증〕는 끝까지 완수되며, 남김없이 그 자체 주어지거나 맡겨진다. 사실 그것은 그러한 방식으로 참여 가운데 들어가야만 한다. 그게 아니라면 그것의 발단이 있을 수조차 없었을 것이다. 한계 내에서의 신뢰 또는 약화된 신뢰는 한(限)없는 신뢰의 가능성을 미리 가정하고 있다. 또한 한없는 신뢰는 '충실한 자들fidèles' 사이의('약혼자들 fiancés' 사이의) 한없다고 말할 수밖에 없는 가까움을 가정하고 있다. 하지만 그 한없는 가까움은, 정확히, 그들을 절대적으로 분리시키고 있는 한계(육체, 죽음, 지정 불가능한 자신) 위에서의 가까움이다. Fides가 갖는 극단의 강렬함은 '함께'라는 의미의 cum에서의 가까움과 같은 것이다. 한편 cum에서의 가까움은 '함께'가 그 자체 구조 내에 포함하는 환원 불가능한 간격 두기를 의미하며, 그 경우에 fides가 갖는 극단의 강렬함이 소통 내에 들어온다.

*

그에 따라 우리는 다시 블랑쇼의 텍스트로 향하게 된다. 비밀은 밝힐 수 없는inavouable〔고백할 수 없는〕 것인데, 왜냐하면 비밀은 소통 불가능하기 때문이다. 그러나 비밀은 다만 소통 불가능한 것에 지나지 않는 것이 아니며 나아가 밝힐 수 없는 것이다. 만일 비밀이 다만 소통 불가능하기만 하다면, 그것은 공동의 바깥에서 떠도는 알 수 없는 어떤 신성(神性)이 독점적으로 간직하고 있으며 금지의 영역에 은폐되어 있는 신비에 불과할 것이다. 밝힐 수 없는 비밀은 비밀을 나누어 갖고 있는 자들에게 실제적인 것으로 알려진— 우리 모두에게 잘 알려진, 우리의 모든 소통·교섭·계약·교접 가운데 명백한 방식으로 뚜렷하게 잘 알려진— 것의 영역 내에 있다. 그러나 비밀은 조심성과 순결성을 요구하는데, 왜냐하면 우리가 벌거벗는다는 것과 우리의 내밀성 가운데 비밀이 있기 때문이다. 사랑과 의사의 치료에 자신을 내맡기면서 벌거벗는 것 그 이상의 신뢰가 없는 것처럼, 벌거벗지 않은 상태에서 신뢰란 없다. 신뢰는 공동의 것이지만 주어지지 않은 것을 벌거벗긴다. 또는 차라리 이렇게 말할 수 있다.

공동의 것은 주어지지 않았으며, 아무것도 아니고, 하나의 사물
도 아니지만 자신soi에게 스스로를 내맡기면서 가능해지는
것 ─ 따라서 주어지지 않은 것 ─ 이다. 나는 블랑쇼의 텍스트
를 다시 읽는다. "공동의 것이 될 수 없는 낯선 것이 영원히 일
시적일 수밖에 없으며 언제나 이미 떠나 있을 수밖에 없는 공동
체를 세운다."

여기서 낯선 것은 불가사의한 것이 아니며, 어떤 부정성(否定
性)도 갖지 않는다(죽음은 하나의 부정성으로서가 아니라, 낯선
실제성으로서 여기 현전한다). 낯선 것에 대한 긍정은 벌거벗은
신뢰에 대한, 신뢰에 따른 벌거벗음에 대한 긍정이다. 부서지기
쉬움과 불확실성 가운데에서의 벌거벗음. 가장 밝힐 수 없는 유
대 관계에 낯선 것이 있고, 동시에 가장 평범한 만남에 낯선 것
이 있다. 그러한 낯선 것, 즉 당황스럽고 혼란스럽게 만드는 낯
선 것에 노출된, 뚜렷이 내비치는 벌거벗음.

장-뤽 낭시와 공유, 소통에 대한 물음

1. 공동-내-존재

여기에 잘 알려져 있지 않은 장-뤽 낭시에 대해 무엇을 먼저 말해야 하는가. 그의 사상의 특성이라고 여겨질 수 있는 것을 밝혀봄으로써 논의를 시작해보기로 하자. 낭시의 사유의 핵심에는 정치적인 것이 놓여 있으며, 그의 사상은 시종일관 정치적이다. 하지만 여기서 '정치적인 것'이라는 말이 의미하는 바는 일반적인 관점으로만 이해되어져서는 안 된다. 많은 다른 정치사상가들의 경우에 그러하듯, 낭시는 물론 정치적 사건들(동구권의 해체, 걸프전), 정치적 변화들(세계화, 서양 중심주의의 한계), 정체(政體)들·이데올로기들(민주주의·공산주의·나치주의)에 대해 구체적 분석을 시도한다. 그러나 그의 그러한 분석은 현실에 대한 비판적 개입일 뿐이고 구체적인 정치적 판단으로 이어질 뿐이며, 모든 경제·문화·사회 현상 들을 총체적으로 설명 가능하게 하는 어떤 초월적 원리를 배경에 깔고 있지 않다. 말하자면 낭시의 정치철학은 이른바 '형이상학적'이 아니다. 그것은 어떤 관점에서 보면 매우 급진적이라고 볼 수 있는데, 왜냐하면 모든 종류의 정치가 가능하기 위한 전제 또는 조건으로서의 정치적인 것을 문제 삼고 있기 때문이다. 그 정치적인 것이란 이미 공동

존재(함께-있음être-avec)에, 인간들 사이의 소통에 기입되어 있으며, 어떤 '우리'의 존재의 수행(실현, 표현)이다. '우리'의 존재, 다시 말해 '나'의 존재도 타자의 존재도 아닌, 모든 단일성·동일성·내재성 바깥의 존재, 고정된 개체의 속성에 따라 규정되는 존재가 아니라, '나'와 타인 사이의 보이지 않는 관계 내의 존재, 관계에만 정초될 수 있는 존재. '우리'의 존재는 '나' 자신의 존재에 대한 확인으로 귀결되는 자기 의식의 반대편에 놓이는 존재이다. 정치적인 것으로서 '우리'의 존재의 수행이란 '우리'의 서로에게로 향함·나타남, 관계 내에서 서로를 향한 실존들의 만남과 접촉touche이다('접촉'이라는 용어의 중요성을 부각시킨 사람은 그의 동료, 자크 데리다Jacques Derrida이다. 데리다의 낭시에 바쳐진 저서 참조[1]).

낭시는 보이지 않는 관계('나'와 타인은 보이지만 그 관계는 보이지 않는다)의 존재, 즉 **공동-내-존재**être-en-commun를 조명하며, 거기에 그의 정치적 사유의 핵심이 있다. 그러나 '나'와 타인 — 또는 타인들 — 의 관계를 정치에까지 연결시키는 것은 무리이거나 과장이 아닌가? 분명 '나'와 타인 사이의 관계의 존재 또는 공동-내의-존재 그 자체는 정치가 아니다. 그러나 공동-내-존재는 '나'와 타인 사이의 모든 종류의 만남의 근거에 있는 나눔partage, 즉 어떤 '무엇'을 나눔이 아닌, '우리'의 실존('우리'의 있음 자체)의 나눔의 양태, 나눔의 전근원적 양태를 지정한다. 공동-내-존재는 인간들 사이의 모든 종류의 소통과 공동체 구성의 근거를 이루고 있다. 그것은 나아가 현실의 정치적 결정·행동에 있어 결코 간과될 수 없는 것이다. 그러한 의미에

---

1 J. Derrida, *Le Toucher, Jean-Luc Nancy*, Galilée, 2000.

서 공동-내-존재는 '정치적'이다. 그것은 모든 종류의 정치의 근원, 정확히 말해, 근원 없는 근원이다. 그것이 정치의 근원이라면 모든 종류의 정치가 되돌아갈 수밖에 없고 어디로도 다시 환원되지 않는 중심('환원 불가능한 것')이기 때문이다. 다른 한편 그것이 근원 없는 근원이라면, 그것이 하나의 보이는 사물로 지정될 수 없는 동시에 하나의 주제thème로 고정될 수 없는 중심이기 때문이다. 공동-내-존재는 간과할 수도 없지만 붙잡아 전유(專有)할 수도 없는 것, 즉 정치에 있어서 비어 있는 중심이다.

아마 낭시는 공동-내-존재가 지금까지 한 번도 제대로 사유된 적이 없이 망각 가운데 묻혀버렸다고 말할 것이다. 이제까지 나눔과 공동체라는 정치적 문제에 있어, '무엇'을 나눔과 '무엇'에 기초한, 또는 '무엇'을 위한 공동체만이 부각되었을 것이다. 예를 들어, 20세기에 소비에트를 중심으로 세계 전역에 걸쳐 진행된 마르크스주의 실험에서 가장 중요한 문제가 되었던 것은 하나의 '무엇,' 즉 재산의 공유(共有)였다. 나치는 열광적인 정치 공동체를 이루었지만, 어는 공동의 이념적 '무엇'(반유대주의와 게르만 민족의 우월주의)의 기초를 바탕으로 가능한 일이었다. 어떤 공동체가 가시적 '무엇'(재산·국적·인종·종교·이데올로기)의 공유를 최고의 가치로 삼을 때, 그 공동체는 필연적으로 왜곡될 수밖에 없다. 왜곡, 말하자면 가시적이고 전유할 수 있는 동일성의 지배, 공동-내-존재의 망각. 그 '무엇'에 따라 전개될 수 없고 그 '무엇'이 목적일 수 없는, 실존의 나눔의 망각, 함께-있음 자체의 망각. 하이데거는 우리가 존재자에 대한 이해와 소유라는 관심에 사로잡혀 존재 망각에 이르렀다고 주장했다. 아마 낭시는 우리가 가시적인 '무엇'에 대한 공유 바깥의 나눔을 보지 못했기 때문에, 보이지 않는 관계에 기입되는 공동-내-존재를 망각했다고 말할 것이다. 거기에 결국 낭시의 급진적이고 근본적인 정치적 물음이 있다. '우리'가 함께 있는, 함께 있어야 하는 이유는 **궁극적으로** '무엇' 때문이 아니며, '무엇'을 나누기 위해서도 아니다(우리는 재산을 공유하기 위해 함께 있는 것이 아니다—이 말은 재산을 나눈다는 문제가 중요하지 않다는 것을 뜻하지 않는다). '우리'가 함께 있는 궁극적 이유와 목적은 다만 함께 있다는 데에 있다. 함께 있음의 이유와 목적은 함께 있음 그 자체이다. 다만 함께 있기 위해 함께 있음, 즉 공동-내-존재를 위한 함께 있음, '무엇'을 나누는 것이 아니라 함께 있음 자체를 나눔, 다시 말해 '나'와 타인의 실존 자체가 서로에게 부름과 응답이 됨, '우리'의 실존들의 접촉.

2. 유한성의 경험

공동-내의-존재, 거기서 문제가 되는 것은 가시적 어떤 것의 공유가 아니라, 타인이 '나'를 향해 다가옴, '내'가 그 다가옴에 응답함, '내'가 타인을 향해 건너감, 즉 타인을 향한 외존(外存)ex-position 또는 관계 내에 존재함, 다시 말해 비가시적 · 동사적 움직임들의 부딪힘 · 접촉이다. 결국 유한한 자들의 만남이 문제가 된다. 장-뤽 낭시는 현대 철학에서 많이 언급되고, 그 중요성이 강조된 '유한성(有限性)finitude'이라는 말에 새로운 의미를 부여한 사상가이다. 인간의, 인간들의, '우리'의 유한성, 여기서 유한성은 첫째로 완전한 내재성(內在性)의 불가능성이다. 완벽히 자기 자신에게 갇혀 있을 수 있는, 그 스스로에 정초되어 있거나 스스로가 자신의 존재를 결정할 수 있는 개인이란 없다. 즉 완전한 자율성을 가진 개인이란 없다. 인간은 항상 자기 아닌 자에게 열려 있을 수밖에 없다. 그에게로 향함, 그에게 노출되어 있음, 그를 향한 외존, 관계 내에 존재함, 그것이 '나'의 존재의 조건이다. 인간은 자유의 존재가 아니라, 그가 향해 있는 타인에 의해 제약된 존재, 하지만 그 제약으로 인해 비로소 의미sens에 이를 수 있는 유한한 존재이다. 유한성 가운데에서의 존재란 먼저 외존 가운데에서의 존재, 관계 내에서의 존재, 즉 내재성 바깥의 존재를 의미한다.

두번째로 유한성은 만남의 유한성을 가리킨다. '우리'의 실존들의 접촉은 영원히 지속될 수 있는 것이 아니다. 그 접촉은 불규칙적 · 단속적 시간에, 즉 시간성 내에서 전개된다. 왜냐하면 그것은 의식을 통해 확인하고 표상할 수 있는 '무엇'에 정초되어 있지 않으며, '무엇' 바깥의 타인의 나타남에 응답하는 순간의 정념(情念)을 요구하기 때문이다. 접촉은 '무엇'에 의해 이루어지지도 않고 '무엇' 때문에 이루어지지도 않는 급진적인 만남이다. 그 만남을 정념만이 긍정할 수 있다. 그것을 단수성(單數性)singularité(타인의 나타남의 단수성)을 긍정하는 정념만이 긍정할 수 있다. 정념은 만져지지 않고 보이지 않는 것을, '무엇'에 따라 고정될 수 없는 관계 자체를 감지한다. 그러나 만남의 유한성은 인간들의 관계가 지속될 수 없다는 것을, 나아가 지속될 필요가 없다는 것을 정당화하지 않는다. 다만 만남의 유한성은 '내'가 관계를 지배할 수 없다는 사실, 즉 '나'에게 필요한 그 '무엇'의 요구에 따라 어떤 동일성 내에로 타인을 동일화할 수 없다는 사실의 징표일 뿐이다. 그에 따라 그것은 '무엇'의 지배(예를 들어 재산의 지배, 정치적 이념의 지배, 인종과 국적의 동일성의 지배)에 지속적으로 저항할 수 있게 하는—근거·이유·목적도 없는—만남, 또는 그 자체가 이유와 목적인 만남, 즉 실존들의 접촉과 그 순수성의 기반이 된다.

세번째로 낭시가 말하는 유한성은, 가장 보편적인 의미에서, 한계 상황(죽음, 병, 고독)에 놓여 있는 인간의 존재 양태를 표현한다. 하지만 어떠한 경우라도 낭시에게 유한성은 공동-내-존재와 무관하지 않다. 하이데거는 죽음으로의 접근이 '나'를 일상적이고 평균적인 존재 양태인 '그 누구Man'의 지배에서 벗어나 본래적 실존으로 향하도록 한다고 강조했다. 그에 반해 낭시는 죽음으로의 접근의 경험이 '내'가 본래적 실존으로 돌아가도록 한다기보다는 오히려, 외존(타인을 향해 존재함, 타인과의 관계 내에 존재함)을 통해 급진적인 공동-내-존재를 부르게 한다고 본다. 죽음으로의 접근의 경험은 '나'와 자신의 본래적 관계의 회복을 요청한다기보다는, 죽음이라는 절대 타자 앞에서 '나'의 동일성이 한계에 이르렀다는 사실을 가리킨다. 그것은 '나'의 본래성Eigenlichkeit으로 향해 가는 경험이라기보다는, '나'와 자신의 관계의 파기의 경험이며, 무명씨의 경험(이 점에 대해 낭시와 사상적으로 가까운 모리스 블랑쇼의 죽음에 대한 분석을 살펴볼 필요가 있다[2])이고, 공동-내-존재로 열리는 경험이다. 다시 말해 그것은 '나'에게 주어진 모든 규정이 무효화되는 경험이고 익명적 실존으로 되돌아가는 경험이다. 나아가, 그 익명적 실존을 감당하는 자가 '내'가 아니라 타인이라고 본다면, 그것은 타인을 향해 가고 타인을 부르는 외존의 경험이다. "죽음은 공동체와 분리

---

2 모리스 블랑쇼, 「작품과 죽음의 공간」, 『문학의 공간』, 박혜영 옮김, 책세상, 1990. 블랑쇼 작품의 이 첫번째 한국어 번역본에서 박혜영 교수는 난해한 그의 문장을 정치하게 옮겨놓았다.

해서 생각할 수 없는데, 왜냐하면 공동체가 스스로를 드러내는 것은 죽음을 통해서이기 때문이다 ─ 그 역도 마찬가지이다."[3] (죽음과 외존, 공동-내-존재, 공동체[4]의 연관성, 그에 대한 낭시의 사유는 자신의 특별한 체험에 의해 심화되었다고 볼 수 있다. 그는 이유를 알 수 없는 산소 부족증 때문에 장기 이식 수술을 받았으며, 더구나 완전한 회복을 기대할 수 없는 '환자'이다. 왜냐하면 산소 부족증은 재발할 위험이 있으며, 재발의 경우 생명을 건 재이식 수술이 불가피하기 때문이다. 게다가 그는 과도한 치료 요법으로 암까지 얻게 되었다. 그러나 여기서 낭시 개인의 경험을 강조할 필요는 없다. 문제가 되는 것은 어쩔 수 없는 한계 상황 가운데 죽음과 병이라는 '침입자intrus'와 더불어 살아야 하는 유한성의 경험, 어느 누구의 것일 수도 있는 유한성의 경험이다. 그 경험에 대해 낭시는 자신의 투병 생활을 기술하면서 성찰해보고 있다.[5])

3. 문학과 공동-내-존재

문학과 문학 작품의 경험이란 문제는 낭시의 사유의 중심에 자리 잡고 있다(낭시의 예술에 대한 관심은 문학에만 머무르지 않고, 미술, 영화에까지 이르지만, 여기서는 그의 문학에 대한 성찰만을 살펴볼 것이다). 그의 문학에 대한 사유 방식과 경향은 낭만주의 이후에 속한다. 이를 낭시는 사상적으로 그와 매우 가까운 동료

3 J.-L. Nancy, *La Communauté désœuvrée*, Christian Bourgois, 1986, 1990, p. 39.
4 낭시에게 공동체는 원칙적으로 어떤 가시적 공동체나 기반과 조직을 가진 공동체가 아니라, 타인과의 어떤 급진적인 소통의 체험이다.
5 J.-L. Nancy, *L'Intrus*, Galilée, 2000.

인 필립 라쿠-라바르트와 독일 낭만주의자들(슐레겔 형제, 노발리스, 슐라이어마허 등)의 동인지 『아테네움*Athenäum*』에 실린 텍스트들을 공동 편역[6]하면서 명백히 했다. 낭시의 사유가, 문학의 여러 문제와 결부될 때, 독일 낭만주의에 가까이 닿아 있다는 것은 분명하다. 하지만 이는 보다 다양한 관점에서 분석될 필요가 있다. 독일 낭만주의에서 최고의 형이상학적 절대(주객 합일의 절대, 주체와 세계의 합일의 절대)의 표현에 이르는 통로는 철학적 개념이 아니라, 시 예술이 드러내는 어떤 감각적 현현(顯現), 즉 인간 주체의 형상화이다. 또한 낭시의 입장에서 본다면, 그가 말하는 전유할 수 없는 외재성으로서의 '의미의 의미sens du sens'란 개념에 포착되는 의미가 아니다. 그것은 낭만주의에서 부각된 형상화에 유비될 수 있는, 개념 이전 또는 바깥의 의미, 개념을 초과하는 의미, 감각적 의미, 즉 이미지의 현시(現示)présentation이다. 그러나 낭시는 문학이 인간의 세계와의 어떤 절대적 합일을 보여준다는 독일 낭만주의자들의 형이상학적 입장을 의문시한다. 나아가 그는 그들의 주체의 지고성에 대한 강조를 독일 관념론(피히테)의 잔재로 보는 동시에 오류로 본다. 독일 낭만주의에 근대의 산물인, 주체의 위치에 대한 과장된 평가가 있을 것이다. 낭시가 말하는 '의미의 의미'로서의 의미는, 낭만주의적 주체의 형상화가 아니라, 문학 작품에서 이미지를 통해 드러나는 무명씨의 형상화이다. 무명씨의 형상화, 즉 익명적 유한성의 형상화, 다시 말해 유한성의 감각적 현시. 독일 낭만주의자들이 강조하는 것처럼 문학 작품이 철학적 개념의 전개

6 Ph. Lacoue-Labarthe, J.-L. Nancy, *Absolu littéraire*, Seuil, 1978. 그들이 쓴 서문이 우리말로 번역되었다. 필립 라쿠-라바르트 · 장-뤽 낭시, 「지금 우리에게 낭만주의란 무엇인가」, 박성창 옮김, 『세계의 문학』 2002년 가을 106호.

라기보다는 인간성의 형상화라고 본다면, 그 인간성은, 그들의 주장과는 달리, 세계와의 합일에 이른 '절대적'주체에 육화되어 표현되지 않는다. 낭시에 의하면, 문학이 그려내는 인간성은 특정한 주체의 것이 아니며, 유한성에 한계지어진 무명씨의 것이다. (무명씨의 인간성이 무엇인가는 낭시가 그의 『사유의 무게 *Le Poids d'une pensée*』에 끼워 넣은, 조르주Georges라 불리는 남루한 부랑자의 사진에 더할 나위 없이 명료하게 드러난다. 그 사진에 낭시는 그 조르주라는 무명씨를 염두에 두고 다음과 같은 말을 덧붙였다. "이 사진은 필사적으로 현실과, 그 불안정함, 그 은총, 덧없음을 보여준다. 어떤 곳에서, 한순간, 어떤 것 또는 어느 누구가 나타났다. 사진은 그것이 일어났다는 것을, 그리고 그것이 우리의 의심과 망각, 우리의 해석에 맞서 대립된다는 것을 보여준다. 그 사진은 그러한 명백성을 우리에게 전해준다."[7])

유한성이 말하게 하기. 내재성·폐쇄성의 불가능성으로서의 유한성(타인에게로 외존할 수밖에 없다는 유한성), 만남의 유한성(순간에 극단의 단수성에 기입되는 타인의 현전이 갖는 유한성), 한계 상황과 죽음이 요구하는 유한성(사라짐의 필연성), 그러한 유한성이 긍정되게 하기, 거기에 문학의 과제가 있다. 문학은 그러한 유한성을 현시해야만 한다. 그에 따라 문학은 공동-내-존재를 성취할 수 있을 것이다. 왜냐하면 유한성의 제시 가운데 독자가 읽고 볼 수 있는 것은, 그 '무엇' 바깥의 ─ 또는 그 "무엇"에 의해서도 지배당하지 않는 ─ 한계에서의 인간 존재 자체 그리고 개인의 모든 특수한 속성으로부터 벗어난 인간의 현전이기 때문이다. 이상적·본질적 인간(성)의 모델이라 불리는 모든

---

7 J.-L. Nancy, *Le Poids d'une pensée*, Le Griffon d'agile/Presses Universitaires de Grenoble, 1991, p. 113.

것을 거부해야 하고 그것에 저항해야 한다. 거기에 공동-내의-존재, 즉 정치적인 것을 향한 첫걸음이 있다. 독일 낭만주의는 문학이 철학적 의미의 전달이 아니라 인간성의 제시라고 보았다. 그러나 독일 낭만주의가 어떤 형태의 절대와 함께하는 '고귀한' 낭만적·예술가적 주체를 고양시킨 것은 정치적 관점에서 하나의 오류를 가져왔다고 볼 수 있다. 어떤 하나의 인간의 모델을 세웠기 때문이다——그 모델로부터 바그너에서 니체까지 자유롭지 못했을 것이다. 말하자면 열정 속에서 세계와의 합일을 꿈꾸며, 자신의 파멸조차 두려워하지 않는 비극적 영웅, 하지만 아무나 될 수 없는 영웅. 그러나 '우리'의 '열정'과 '비극'은 다른 곳에 있다. '우리'의 열정은 힘의 고양을 향해 나아가지 않으며, 한계와 유한성에 처한 '우리'의 목소리를 들으려는 열정, 소통에의 열정이다. '우리'의 비극은, 단순히, '우리'가 사라져갈 것이라는 데에 있다. 그러나 그 '비극'은 허무주의와 상관이 없다. 왜냐하면 사라져감과 죽음을 통해서만 소통의 무한성을, 공동-내의-존재의 무한성을 성취할 수 있기 때문이다("공동체가 스스로를 드러내는 것은 죽음을 통해서이다"). 문학은 공동-내의-존재를 가시화한다. 그에 따라 문학은 정치적인 것과 마주한다. 그러나 이는 문학이 정치에 봉사해야 한다는 것을 뜻하지 않는다. 이는 오히려 문학 가운데 정치적인 것의 전형이 그려진다는 것을 의미한다.

장-뤽 낭시에 대하여

장-뤽 낭시는 주로 독일 철학, 예를 들어 독일 낭만주의, 니체와 하이데거의 철학을 자신의 사유의 기반으로 삼았으며, 교조주의적 마르크스주의의 몰락 이후에 가능한 공산주의의 문제와 공동체의 문제를 다시 제기하는 것을 자신의 주요한 과제로 설정했다. 또한 낭시는 그보다 한 세대 전 사상가, 조르주 바타유와 모리스 블랑쇼를 이어가면서 '무엇'의 동일성의 지배에 저항하는 일종의 유한성의 정치철학을 대변하고 있다(바타유 · 블랑쇼 · 낭시의 사상을 바탕으로 삼고 있는 그러한 정치철학은 현재 프랑스에서 『선(線)*Lignes*』이라는 잡지의 정치적 입장의 배경이 된다). 그는 현재 프랑스에서 알랭 바디우Alain Badiou, 자크 랑시에르Jacques Rancière, 필립 라쿠-라바르트 등과 함께 가장 주목받고 있는 영향력 있는 철학자들 중 한 사람이다. 이를 낭시의 또 다른 측근, 데리다는 2000년『접촉, 장-뤽 낭시』를 상자해 확인시켜주었다. 흔히 낭시가 — 라쿠-라바르트도 마찬가지이지만 — 데리다의 후계자나 제자로 여기서 소개되는 경우가 있는데, 이는 오해라고 말할 수 있다. 낭시가 데리다의 해체주의의 영향을 많이 받은 것은 사실이지만, 그는 소통 · 공동체 · 접촉 등의 정치적 주제들을 독자적(독창적)인 관점에서 전개해 나아갔다. 낭시는 스트라스부르 대학 철학과에서 오랜 동안 교수 생활을 하다 몇 년 전 은퇴했다. 중요 저서로는, 바타유에 대한 해석을 거쳐 동일성의 지배 바깥의 공동체, 즉 조직 · 기관 · 이데올로기 바깥의 '공동체 없는 공동체'에 대한 사유를 명확히 제시한 『무위의 공동체』, 실존이 어떻게 타인과 함께하는 실존인 공-실존co-existence인가를 밝힌 『복수적 단수의 존재*L'Être* *singulier pluriel*』, 개념 · 명제 너머의 의미, 개념 · 명제의 성립 조건으로서의 의미, '의미의 의미'에 대한 정식화를 보여준『세계의 의미 *Le Sens du monde*』, 현전présence에 대한 새로운 해석인『사유의 무게 *Le Poids d'une pensée*』등이 있다. 낭시의 사상은, 그의 저서들의 번역과 더불어, 이미 세계적으로 알려진 상태에 있지만, 유감스럽게 우리나라에는 거의 소개되어 있지 않고, 한 권의 번역서도 찾을 수 없다. 그가 편집한『숭고에 대하여』(김예령 옮김, 문학과지성사, 2005)에 들어 있는 논문「숭고한 봉헌」이 우리말로 번역된 그의 유일한 글로 남아 있을 뿐이다. 다른 한편 클레르 드니Claire Denis가 감독하고 낭시가 출연한 단편영화,「낭시를 향하여Vers Nancy」(2002)(이것은 옴니버스 영화인「텐미니츠 첼로Ten Minutes Older: The Cello」의 한 부분)가 소개됨에 따라, 우리는 그의 저작들을 접하기 전에 그의 모습을 보게 되었다. 클레르 드니는 이후에 낭시의『침입자 *L'Intrus*』에서 영감을 얻어 같은 제목의 장편영화를 완성했다.

블랑쇼의 죽음

영원한 증인[1]

자크 데리다

저는 여기, 지금, 제게 여전히 다가오고 있는 목소리의 힘이 어디에서 왔을까 며칠 밤낮을 헛되이 스스로에게 물어보고 있습니다. 저는 그 힘을, 나에게 이전과는 다르게 절실한 모리스 블랑쇼의 그 힘을 받아들이고 있다고 여전히 믿기를 원하고 그렇게 믿을 수 있기를 희망합니다.

어떻게 바로 여기서, 이 순간, 이 이름 모리스 블랑쇼를 부르는 이 순간 떨지 않을 수 있단 말입니까?

그의 이름, 당신의 이름을 거쳐 끊임없이 계속 울리고 있는 것에 대해 끝없이 생각해봐야 하고 귀 기울여봐야 할 것이며, 그것이 우리의 몫으로 남아 있습니다. 저는 '너의 이름'이라고 감히

---

* "**모리스 블랑쇼, 문학의 은자.** 우리 세기에 가장 비밀에 감추어진 작가가 2월 20일 목요일, 이블린의 그의 집에서 95세로 사망하였다. 비평적 시론과 소설을 쓴 작가로서 그는 20세기에 가장 중요하고 영향력 있는 사람들 중 하나였다"(『르 몽드 *Le Monde*』, 2003년 2월 25일 기사). 모리스 블랑쇼의 죽음을 맞아 자크 데리다와 장-뤽 낭시는 각각 『리베라시옹 *Libération*』에 그를 기리는 글을 발표하였다. 그의 죽음이 갖는 의미를 되돌려보기 위해, 그리고 그의 삶과 사상의 궤적을 따라가보기 위해 여기 두 철학자의 글을 소개한다(옮긴이).

1 이 글「영원한 증인 Un témoin de toujours」은 자크 데리다가 2003년 2월 24일 월요일 거행된 모리스 블랑쇼의 장례식(화장) 때 낭독한 추도문 전문이다. 이 글은 2003년 2월 25일 화요일자 『리베라시옹』에 실렸다(옮긴이).

말하지 못했습니다. 왜냐하면 모리스 블랑쇼가 염두에 두었었고 공개적으로 밝혔었던 절대적 예외를, 우정에 있어서의 커다란 특권을 기억했기 때문입니다. 즉 그가 에마뉘엘 레비나스와의 영원한 우정에만 부여했고 단 한 번 주어진 행운이라 말했던 너 나들이로 말할 수 있는 특권을 기억했기 때문입니다.[2]

   모리스 블랑쇼가 언젠가 제게 고백한 대로, 그에게 에마뉘엘 레비나스는 먼저 죽는 것을 보게 된다면 매우 고통스러울 가장 절친한 친구들 중 한 사람이었습니다. 저는 또한 여기서, 이 명상의 순간에, 그가 조르주 바타유, 르네 샤르René Char,[3] 로베르 앙텔름Robert Antelme,[4] 루이-르네 데 포레Louis-René des Forêts,[5] 로제 라포르트Roger Laporte[6]와 나누었던 추억들을 기리

---

2 잘 알려진 대로 블랑쇼와 레비나스는 학창 시절(스트라스부르 대학) 때부터 개인적으로 가까운 친구였으며, 또한 사상적으로도 대단히 긴밀한 관계를 유지했다. 한 텍스트에서 블랑쇼는 레비나스에 대해 언급하면서, 데리다가 말한 대로, 공개적으로 이렇게 썼다. "여기서 나는 에마뉘엘 레비나스에게 인사를 건넨다. 내가 너나들이로 말하고 내게 너나들이로 말하는 유일한 친구—아, 멀리 있는 친구"(M, Blanchot, Pour l'amitié, Fourbis, 1996, p. 35). 레비나스의 아들, 미샤엘 레비나스Michaël Levinas(작곡가이자 피아니스트)에 의하면, 실제로 블랑쇼는 레비나스를 그냥 이름만으로 '에마뉘엘'이라 불렀다 한다(Michaël Levinas, "La voix de Blanchot voulait à la fois faire entendre et faire écran au mot," Magazine littéraire : L'énigme Blanchot, 424호, 2003년 10월, p. 34 참조-옮긴이).

3 고전의 위치에 오른 현대 프랑스 시인. 흔히 프랑스의 횔덜린이라 불리기도 한다(옮긴이).

4 프랑스 작가. 유대인 수용소에서의 체험을 바탕으로 씌어진 그의 『인간류(人間類)L'espèce humaine』는 프랑스에서 타자의 문제로부터 정치의 근본적 조건을 끌어내려는 일군의 지식인들에게 대단히 중요한 책이다(옮긴이).

5 가장 중요한 현대 프랑스 소설가들 중의 한 사람. 최근 그에 대한 연구가 활발히 이루어지고 있다. 그의 대표작들 중의 하나가 번역되었다(루이-르네 데 포레, 『말꾼』, 이기언 옮김, 현대문학사, 2001-옮긴이).

6 레비나스 · 블랑쇼의 사상과의 연계 하에 문학 · 미술 · 음악 등 여러 영역에서 전방위적 작가의 모습을 보여주었다. 작품으로 『왜 Pourquoi?』 『푸가 Fugue』 『랭스의 추억 Souvenir de Reims』 『극점에서 À l'extrême point』 등이 있다(옮긴이).

기를 바랍니다.

어떻게 여기서, 지금, 어느 때보다도 유일무이해 보이는 이 이름, 모리스 블랑쇼를 말하는 이 순간 떨지 않을 수 있단 말입니까? 그를 사랑하고 존경하며 그의 말을 읽고 듣고 곁에 가까이 있었던 모든 분들을 대변하기 위해 제가 부름받았지만, 어떻게 여기서, 지금, 이 순간 떨지 않을 수 있단 말입니까? 이삼 세대에 걸쳐 있는, 세계 전역의 수많은 우리는 그를 다만 이 나라뿐만이 아니라 이 시대의 가장 위대한 사상가들·작가들 중의 한 사람으로 기려야 할 것입니다.

그가 다만 우리 언어권에서만 그러한 사람인 것도 아닐 것입니다. 그의 작품이 번역되어 널리 알려지고 있고, 그 숨어 있는 빛의 힘으로 계속 전 세계의 언어를 비추어갈 것이기 때문입니다.

모리스 블랑쇼, 먼 기억이기는 하지만, 어른이 되고 나서 저의 삶 전체에서, 그를 (50년 이상) 읽으면서, 특히 68년 5월 그를 만난 이후로, 그리고 그가 제게 끊임없이 주었던 신뢰와 우정이 영광이었던 이후로, 저는 이 이름을 듣는 것에 익숙해져 있었습니다. 모리스 블랑쇼, 이 이름을 저는 어느 누구의 이름과는 다르게 들어왔으며, 그는 제게 어떤 제삼자, 즉 우리가 인용하고 우리에게 영감을 주는 비길 데 없는 작가와는 다른 사람이었습니다. 저는 이 이름을 사유와 실존에서의 그 현시의 힘 때문에 제가 찬양하는 어떤 인간의 위대한 이름과는 다르게 들어왔습니다. 모범적인 순결함이 있었던 그는 내성(內省)의 힘을 갖고 있었습니다. 그는 이 시대에 유례가 없는 겸허함을 갖고 있었습니다.

그렇기에 모든 풍문들과 모든 이미지들 그리고 모든 문화적 유혹들과 탐욕들로부터, 매체 · 언론 · 사진 그리고 스크린이 갖는 직접적인 힘으로부터 그는 단호하게, 윤리적 · 정치적 원칙에 따라, 가능한 한 최대한 멀리 떨어져 있었습니다. 장차, 어느 정도 때늦게 몇몇 사람들이, 보이지 않았던 그의 겸허함을 왜곡하고 과장해, 모두가 마찬가지로 부인의 몸짓과 몰이해를 보여주면서 회한의 힘으로, 경쟁적으로 그를 어떤 거래할 수 있는 숭배의 대상으로 몰아갈까 우리는 염려하고 있습니다.

몇 십 년 전부터 계속 멀어져 갔던 블랑쇼에 대해 말하고 있는 이 순간, 제가 여기서 모니크 앙텔름Monique Antelme[7]께 감사의 뜻을 전하는 것이 허락될 수 있기를 바랍니다. 저는 그녀에게, 사적(私的)인 것을 넘어서, 저와 많은 다른 분들이 간직한 감사의 마음을 전하고 싶습니다. 저는 우리의 한 여자친구에게 사의를 표하고 있습니다. 그녀의 충실성은, 블랑쇼의 은거와 세계 사이에서, 그와 우리 사이에서, 또한 벗의 충실성이었으며, 부드럽고 관대하며 충성스러운 배려 그리고 결속 그 자체를 보여주었습니다.

저는 방금 68년 5월의 어떤 최초의 만남에 대해 말씀드렸습니다. 우리 사이의 윤리적 · 정치적 성향과 관계있었던 이 사적인 만남의 이유와 상황에 대한 기억을 저는 지금 되돌려보지 않겠습니다. 다만 그때, 즉 68년 5월에 블랑쇼는 자신의 전 존재를 던져, 몸과 마음으로 거리에서, 언제나 그랬듯이 급진적으로 혁명이라 알려졌던 것에 참여했었다는 것을 저는 강조하고 싶습니다.

_____

7 로베르 앙텔름의 부인. 건강이 항상 좋지 않았고 독신으로 남았던 블랑쇼를 여러모로 도왔다(옮긴이).

그가 개입했었던 참여들, 전쟁 이전의 참여—그것을 저는 간과
하지 않을 것입니다[8]—, 마찬가지로 잊혀질 수 없는 점령기[파
리 점령기] 때의 참여, 알제리 전쟁 시기의 참여, 121인의 선언
때의 참여, 68년 5월의 참여.[9] 그는 극단에서의 자신의 모든 참

8 청년 시절 블랑쇼의 정치적 활동을 암시하고 있다. 그는 알려진 대로 20대 중반 극우파
  신문들에 현실에 밀착한 정치 기사를 썼었다. 그는 정치에 일종의 정신 혁명을 도입하
  기 위해 극우 노선을 걸었었지만, 그가 지지했던 극우 사상은 정신주의적(이상주의
  적)·민족주의적 색채가 강했으며, 당시의 나치주의와는 관계가 없었다. 블랑쇼에 대
  한 방대한 전기(『모리스 블랑쇼 보이지 않는 동반자*Maurice Blanchot Partenaire
  invisible*』)를 쓴 크리스토프 비딩Christophe Bident은 『마가진 리테레르*Magazine
  littéraire*』 블랑쇼 특집호에서 이렇게 말한다. "1933년. 정신 혁명을 위한 반자본주의·
  반의회주의·반공산주의가 기본적인 말들이었다. 다른 한편 블랑쇼는 반게르만주의·
  반히틀러주의를 지지했다. 그는 나치의 수탈을 고발하는 유대인 민족주의자의 모임에
  가담한다. 그는 친구 폴 레비Paul Lévy가 주관하던 일간지 『르 랑파르*Le Rempart*』에 유
  대인들을 강제 수용소에 처음으로 보낸 사건에 항거하는 기사를 쓴다"(Ch. Bident,
  "Repères chronologiques," *Magazine littéraire: L'énigme Blanchot*, p. 27). 30세
  (1937년)부터 극우파 활동을 그만둔 블랑쇼는 문학에 전념하게 되며, 오랜 기간 동안
  현실 정치에 대해 거리를 두게 된다. 그의 본격적인 문학 활동은 그가 현실 정치로부터
  벗어난 시기에 시작되며, 이집트 출신의 프랑스 시인 에드몽 자베스Edmond Jabès가
  말하고 있듯이, 첫 작품 『토마 알 수 없는 자*Thomas l'obscur*』(1941)를 비롯해 그의 모
  든 작품에서 사실상 청년 시절의 정치적 입장은 반영되어 있지 않다(E. Jabès, "A
  propos de 'Blanchot la terreur," *L'Œil de bœuf: Maurice Blanchot*, 14, 15호, 1998, 5
  월호, pp. 37~38 참조-옮긴이).
9 극우파 활동을 청산한 블랑쇼는 이후에 정치적 성향이 강한 작가들, 예를 들어 로베르
  앙텔름, 디오니스 마스콜로Dionys Mascolo 등과 교류하게 되면서 국가 경계 바깥의 정
  치와 경계(그것이 어떤 경계이든) 바깥에 선 자들을 옹호하는 극좌의 노선에 들어가게
  된다. 정치적 전환 이후에 그가 개입했던 중요한 정치적 사건은 샤를 드 골Charles de
  Gaulle에 반대해 알제리 독립을 지지하는 예술가·작가들의 서명 운동(121인의 선언
  Manifeste des 121)과 68년 5월 혁명이다. 블랑쇼는 121인의 선언의 주요 기안자들 중
  의 한 사람이었으며, 68 혁명 때에는 학생-작가 행동위원회 La Comité d'action
  étudiants-écrivains를 조직해 주요 선언문들을 작성하였고 거리 시위에 참여하였다.
  "1960년. 121인의 선언. 마스콜로, 쉬스테르Schuster와 함께 블랑쇼는 그 선언의 주요
  기안자였다"(Ch. Bident, "Repères chronologiques," *Magazine littéraire: L'énigme
  Blanchot*, p. 28). "1968년. 블랑쇼는 시위에 참가하였고 전단지를 만들고 학생-작가
  행동위원회의 회합을 주재한다. 그는 익명으로 잡지 『위원회*Comité*』의 창간호이자 마
  지막 호에서 반 이상의 기사를 쓴다"(같은 곳). 이상의 정치적 참여와 관련해 그가 쓴
  글들을 모아놓는 책이 최근 출간되었다. M. Blanchot, *Écrits politiques 1958-1993*,
  Éditions Lignes & Manifestes, 2003(옮긴이).

여들로부터, 이 모든 정치적 경험들로부터 끝까지 남김없이 교훈들을 끌어낼 줄 알았었습니다. 그보다 더 훌륭하고 엄밀하고 명석하게, 더 책임감 있게 그렇게 할 수 있었던 사람은 없습니다. 그보다 더 훌륭하고 민첩하게 정치적 관점에서의 해석과 재해석을, 나아가 가장 어려울 수도 있는 전향을 감당할 수 있었던 사람은 없습니다.

이 이름 **모리스 블랑쇼**, 제게는 이 이름이 어떤 제3의 인물의 이름, 비밀에 싸여 있는 보기 드문 어떤 사람의 이름이 아니었습니다. 제게는 이 이름이 우리가 그의 부재 시 그에 대해 말하며 속마음을 알아보고자 하고 가르치고 도움을 바라는 어떤 사람의 이름이 아니었습니다. 저는 이 이름을 현재 우리가 말 건넬 수 있으며, 우리 자신을 열어 보이도록 하는 살아 있는 자의 이름으로 부르는 데 익숙해 있었습니다. 이 이름은 다만 붙여진 이름 그 너머의 이름, 즉 호소해야만 하는 이름이었습니다. 이 이름은 주의 깊고 항상 깨어 있었으며 응답하고자 염려했고 책임성을 요구했던 어느 누구에게 귀속된 이름이었습니다. 그리고 그의 이 모든 면들은 우리들 중 많은 이에게 이 시대의 가장 준엄한 요구로 받아들여졌습니다. 이 이름은 친근한 동시에 낯선 이름이 되었습니다. 너무나 낯선 이름, 우리가 부르며 우리를 바깥으로 부르는 이방의 이름, 다가갈 수 없으며 자신으로부터 무한히 멀리 떨어져 있는 이름. 내밀성을 가진 옛 이름, 하지만 나이를 먹지 않는 이름, 어디에도 영합하지 않으며 우리 자신 안에 깨어 있는, 가장 가까이 다가와 있는 증인의 이름, 영원한 증인의 이름. 그러나 동시에 당신을 당신 자신의 고독 속에 내버려두고자 당신을 동반하지 않는 친구의 이름. 그럼에도 불구하고 모든 사유와 모든 물음에, 모든 결단과 유보에 매 순간 정성을 다해 관심을 갖고 당신 곁에 남아 있고자 하는 친구의 이름. 모든 우리의 만남의 시간에 잠시라도 부드러운 미소가 떠나지 않는 얼굴에 붙여진 이름. 제가 기억하는 한에서, 대화들 가운데에서의 침묵 그리고 절도와 겸허함이 어쩔 수 없이 드러나는 숨결은 중단 없는 축복의 시간을, 신뢰와 호의를 갖고 기다리는 가운데 미소로 이어진 시간을 가져다주었습니다.

무한한 슬픔이 입을 다물 것과, **동시에** 제 마음이 말하도록 내버려둘 것을 제게 명령합니다. 무한한 슬픔이 그에게 응답하고 제 자신에게 묻기 위해 말을 하라고 제게 명령합니다. 마치 제가 여전히 그의 응답을 바라는 것처럼 말입니다. 다만 그에 대해 말하기 위해서뿐만이 아니라 **그 앞에서 그에게**, 그를 위해 말하기 위해, 마치 그에게 제 자신을 열어 보이며 그 앞에 있는 것이 그에게 어떤 의미가 있는 것처럼 말입니다. 이 끝도 없는 슬픔이 얼마 전까지만 해도 전화에 대고 그랬었던 것처럼 그를 부를 수 있는 자유와 기회를 애석하게도 가차 없이 제게서 빼앗아갑니다. 저는 얼마 전까지만 해도 숨 가쁜 그의 미약한 목소리를, 하지만 한탄하지 않으면서 안심시키기에 급한 그의 목소리를 들었었습니다. 이제 영원히 그를 부를 수 없어 절망할 수밖에 없지만, 그에게— 제 마음 속으로—말하기를 포기할 수 없는 여기서, 저로서는 그를 부를 수 있는 자유를 어디서도 찾을 수 없습니다.

그러나 모리스 블랑쇼는 살아 있습니다. 그의 말을 읽고 들었던 분들은 잘 아시겠지만, 살아 있을 때 모리스 블랑쇼는 죽음에 대해, 자신의 죽음에 대해, 그가 "**나의 죽음의 순간**L'instant de ma mort"[10]이라 이름한 대로, 또한 죽음의 순간에 대해 끊임없이 사유했던 사람이었습니다. 언제나 불가능할 수밖에 없는 죽음에 대해서 말입니다. 그는 불가능한 죽음에 대해 집요하게 말했었습니다(그렇기에 그의 많은 친구들이 그랬었던 것처럼, 저는 피할 수 없는 것의 가장 나쁜 종류의 확실성을 거부하기 위해 그가 죽지 않을 사람이라고, 어쨌든 그가 우리 모두보다는 덜 죽음에 사로잡혀 있다고 순진하게 바라면서 스스로 위안할 수 있었습니다— 언젠가 그는 쓰러졌다가 회복된 후 병원에서 돌아와서 제게 보통 때와는 다른 어조로 "보세요, 저는 본래 착한 사람입니다"라고 편지를 써 보냈었습니다). 그때, 그렇습니다, 그가 죽음을 불가능한 것으로 여기기를 원했을 때, 그는 죽음에 대한 삶의 환희에 찬 승리를 말하고자 했던 것이 아니라, 가능한 것에, 즉 모든 종류의 힘에 한계를 설정하는 데 동의했던 것입니다. 『카오스의 글쓰기 L'Écriture du désastre』가 명확히 하고 있는 대로, 이 힘으로 지배할 수 없는 것을 여전히 지배하기를 원하고, "제압할 수 없는 것을 제압하기를" 원하는 자는, "자신의 타자가 되어, 결코 도래하지 않는 죽음에, **모든 가능성의 불가능성**으로의 회귀(착란을 가져와서 변증법을 부정하지만 결국 변증법을 완성시키는 회귀)인 죽음"(『재난의 글쓰기』, pp. 114~15)에 부딪히게 될 것입니다.

여느 성급한 독자가 믿고 있는 것 너머에서, 죽음이라는 이 죽어감이라는 사건 아닌 사건에 대한 블랑쇼의 지속적인 관심이 생각하도록 하는 것 너머에서, 모리스 블랑쇼는 나타남의 빛 가운데에서 삶과 산다는 것만을 사랑했었을 것이고, 그것만을 긍정했었습니다. 우리는 그에 대한 수많은 증거를, 텍스트와 그가 끝

---

10 블랑쇼의 마지막 작품(1994)의 제목(옮긴이).

까지 삶을 견지하고 선택했던 방식을 참조해 찾을 수 있을 것입니다. 감히 말씀드리자면, 그에게는 긍정과 '그렇다'에서 비롯된 독특한 쾌활함이 있었습니다. 그에게는, **즐거운 학문**le gai savoir[11]에서 말하는 쾌활함보다 분명 덜 냉소적인 쾌활함이, 즉 행복의 환희가 가져온 쾌활함이 있었으며, 이를 섬세한 귀를 가진 사람이라면 느끼지 않을 수 없었을 것입니다. 우리가 자주 가볍게 말하는 바와는 반대로, 그의 말이 갖는 음색과 어조는, 죽음의 문제를 다루고 있는 그의 모든 글에서, 아니 사실 그의 모든 글에서, 병적인 것과 죽음을 부르는 것에 무관하게 남아 있습니다. 그의 가장 기본적인 작품에서부터 가장 독창적이고 진전된 작품에 이르기까지 그러하고, 사유의 전 영역을 건드리고 있는 그의 철학적 또는 철학적·정치적인 모든 형태의 담론에서도 그러하며, 색다르게 읽고 쓰는 방법을 보여주었던 그의 수많은 프랑스와 외국 문학 작품에 대한 해석에서도 마찬가지이고, 그의 이야기들·소설들·픽션들(제가 보기에 우리는 그것들을 읽기 시작한 지 얼마 안 되었고 그 미래는 거의 미지의 상태로 남아 있습니다)에서도, 『기다림 망각 *L'attente l'oubli*』이나 『카오스의 글쓰기』 같은 전대미문의 방법으로 철학적 성찰과 시적 허구를 떼어놓을 수 없게 결합시켜놓은 그의 모든 작품에서도 마찬가지입니다. 수많은 인용을 들어 증명해 보일 수 있지만, 그에게서 자살의 유혹이나, 그 밖의 어떠한 부정적인 것에 대한 안일한 동조를 찾아볼 수 없습니다. 『최후의 인간 *Le dernier homme*』을 읽어보면, "나는 그가 먼저 죽었고, 이후에 죽어간다는 것을 확신했다"라고 선언하기 이전에, 인용합니다. "그렇다라고 끊임없이 긍정

11 니체를 염두에 두고 있다(옮긴이).

하는 행복"(『최후의 인간』, p. 12)을 외치고 있는 사람의 목소리를 우리는 듣습니다.

어떤 것도 더 이상 남아 있지 않고 모든 것이 유해(遺骸)로 돌아가는 시련의 이 순간, 그의 말을 어느 때보다도 더 잘 들어보기 위해, 저는 홀로코스트라는 뭐라고 말하기 힘든 소각의 사건(결정적 재난의 또 다른 이름인 이 사건이 곧이어 그의 작품의 중심을 이루게 되었다는 사실을 우리는 알고 있습니다)에 사로잡혀 씌어진 위대한 책, 『재난의 글쓰기』의 몇 줄을 읽어보고 싶습니다. 이 책 어디에서나 간접적으로, 특히 책의 시작 부분에 홀로코스트가 상기되어 있습니다. "홀로코스트의 불탄 자국, 정오의 전멸(全滅)," 그리고 "재난을 가져오는 굳어버린 망각(기억될 수 없는 것에 대한 기억), 설사 이 재난을," 그는 이렇게 말합니다, "우리가 다른 이름들을 통해 알고 있다 할지라도……"(『카오스의 글쓰기』, p. 15).

죽음이 불가능한 것 자체라고, 어쨌든 죽음이 결코 오지 않는 것이라면 죽음이 이미 와 있기 때문이라고, 또한 자신의 죽음이 임박해 있다고 작품과 (제가 몇 십 년 전부터 그에게서 받은 편지들이 예외 없이 증명하고 있듯이) 편지에서 끊임없이 말했던 어느 누구가 우리를 떠나는 이 순간, 왜 우리는 고통과 애도로 인해 숨막혀해야 하며, 왜 망연자실해야 합니까? 우리는 그의 죽음을 그로부터 다짐받아 준비하고 있었지만, 또한 어쩔 줄 모르고 상처받아 미리 슬픔에 잠겨 있었지만, 예상할 수 없는 것이 가져올 충격을 완화시켜놓을 수 없었습니다. 언제나 임박해 있는 죽음, 불가능한 죽음, 그리고 이미 지나가버린 죽음, 그것이 바로 겉으로 보아 양립 불가능한 것처럼 보이는 세 가지 확실성이며, 거기서 표현된 냉혹한 진리는 우리의 사유를 화급히 부추기는 선물입니다. 이를『카오스의 글쓰기』는 이렇게 인정하고 확인하고 있습니다(pp. 181~82).

"만일, 프로이트의 어떤 면이 보여주듯, '우리의 무의식이 우리 고유의 필사성(必死性)을 표상할 수 없다'면, 그것이 의미하는 바는 고작 죽는다는 것이 표상 불가능하다는 것이다. 왜냐하면 죽는 현재가 있을 수 없기 때문만이 아니라, 설사 시간 내에서나 시간의 시간성 내에서라 할지라도 죽는 장소가 없기 때문이다."

이어서 특이한 종류의 '참을성patience'에 대해 블랑쇼는 이렇게 말합니다. "소통 불가능하지만 우리가 책임이 있다고 시련의 밑바닥에서 느끼는 타인의 죽음 또는 언제나 타자인 죽음을 겪어낼 때만 오직 그러한 것처럼, 우리는 그 참을성을 '우리 안에서' 고통스럽게 견지한다." 그는 이렇게 결론 내립니다.

"언제나 이미 와버린 죽음과 관련해 아무 할 일이 없다. 다시 말해 죽음은 무위(無爲)라는 과제이고, 현재를 갖지 않는 어떤 과거(또는 어떤 미래)와 관계의 부재(不在)로 연결되어 있다. 따라서 재난은 우리가 죽음의 신비나 심연의 신비라고 이해하는 것 너머에 있을 것이다. 어쨌든 나의 죽음의 경우에 그러한데, 나의 죽음을 위한 자리가 더 이상 없기 때문이다. 나는 죽지 못하며 사라져간다(또는 그 반대이다)."

"……또는 그 반대이다." 다시 말해, 죽지 못하며 사라져가거나, 또는 사라져가지 못하며 죽습니다. 이 두 가지 상황에 판정을 내리는 일은 간단한 것이 아닙니다. 그러나 이 두 가지 상황은 구별되며, 그로 인한 시련을 오늘 우리는 견뎌내고 있는 것입니다. 그 두 가지 상황에 대해 우리로 하여금 사유하게 한 자에 대해, 우리는 오늘 그가 사라져가지 못하며 죽고, 죽지 못하며 사라져간다고 말할 수 있습니다. 그의 죽음은 생각할 수 없는 것으로 남아 있지만, 죽음은 이미 그에게 와 있었던 것입니다. 이를 문학적 허구와 부인할 수 없는 증언 사이에 있는 『나의 죽음의 순간』은 하나의 이야기로 풀어내고 있고, 이해 불가능한 시간성을 보여주고 있습니다. 어쨌든 이미 죽었던 자, 그것도 한 번 이상 죽었던 자, 그는 사유하였으며, 나아가 불가능한 것을 탐색했었습니다. 인용합니다. "**내가 표현할 수 없는 가벼움의 감정. 삶으로부터의 해방? 무한의 열림? 행복도 아니고 불행도 아닌, 공포의 부재도 아닌, 아마 이미 저 너머로의 발걸음**le pas au-dela. **나는 이 분석 불가능한 감정이, 그의 실존에 변화를 가져왔었다고 알고 있고, 그렇게 상상하고 있다. 마치 그에게서 자신 바깥의 죽음이 자신 내부의 죽음과 이제 맞부딪칠 수밖에 없었던 것처럼. '나는 살아 있어. 아니야, 너는 죽었어.'**"

"나는 살아 있어. 아니야, 너는 죽었어." 여기서 두 목소리는 우리 내부의 말을 차지하기 위해 서로 경쟁하거나, 또는 그것을 서로 나누어 갖습니다. 또한 그 반대도 마찬가지입니다. 나는 죽었어. 아니야, 너는 살아 있어. 블랑쇼는 『나의 죽음의 순간』에 끼워 제게 보낸 1994년 7월 20일자 편지에서, 마치 돌아온 기념일을 주지시키려고 그러는 것처럼, 처음부터 이렇게 말했습니다.

"50년 전 7월 20일, 나는 총살당할 뻔했었을 때, 행복감을 맛보았습니다. 그리고 25년 전, 우리는 최초로 달에 발을 내디뎠습니다."

가장 존중할 만한 권고들 가운데, 기억할 수 있는 다음과 같은 말이 있습니다만, 저로서는 그것을 망각했거나, 아니면 저버리는 척할 수밖에 없습니다. 그 말은 우정의 말입니다. 그것은 조르주 바타유를 기리기 위해 그의 죽음 앞에 바쳐진 명상의 책, 『우정L'amitié』과 같은 제목을 달고 그 책의 결론을 여는 이탤릭체로 씌어진 말입니다.

"이 친구에 대해 어떻게 말해야 하는가? 찬양하기 위해서도 아니고, 어떤 진리에 대한 관심 때문도 아니다. 그의 성격의 특성, 그의 실존의 방식, 그의 삶의 에피소드, 이 모든 것들이 그가 스스로 책임질 수 없다고 느낄 정도로 책임이 있다고 여긴 자신의 탐구에 설사 걸맞았다 하더라도, 그것들은 어느 누구에게도 속해 있지 않은 것들이다. 증인은 없는 것이다. 〔……〕 그러나 나는 책들이 있다는 것을 안다. 그리고 책들은 일시적으로 존재한다. 설사 우리가 독서를 통해 책들이 물러나 떠난다는 필연성을, 책들의 사라짐의 필연성을 깨닫게 된다 하더라도 그렇다. 책들 그 자체가 하나의 실존으로 넘어가게 되는 것이다."

"종말에 예측할 수 없고 낯설게 실존에 다가오는 것"에 대해 블랑쇼는 이렇게 말합니다.

"이 예측할 수 없는 움직임. 이 무한히 임박해오는, 그래서 감추어져 있는 움직임 — 아마 죽음의 움직임. 그것은 끝이 결코 미리 주어지지 않는다는 사실에서가 아니라, 끝에 아무런 완결된 사건도 구성되지 않는다는 데에서 비롯된다. 어떤 사건이 갑자기 찾아온다 하더라도, 거기서 포착할 수 있는 아무런 현실도 있을 수 없다. 끝을 향해 가는 이 움직임은 포착될 수 없는 것이며, 이제 포착될 수 없는 것의 극에 이르게 되는 것이다."

이 말을 새겨보고, 다시 새겨봅시다. **갑자기 찾아오다**와 **완결되다** 사이의 차이에 대해 알아봅시다. 말하자면 블랑쇼의 죽음은 부인할 수 없게 **갑자기 찾아온** 것이지만, 완결되어버린 것이 아닙니다. 그의 죽음은 완결되지 않았으며, 미래에 완결되지도 않을 것입니다.

모든 격식과 모든 상황 논리, 그리고 친구에 대한 찬양과 형식적으로 기도하듯 전기적 사실이나 작품 목록을 나열하는 것을 피하라고 블랑쇼는 우리에게 권했었습니다. 어쨌든 여기서 어떠한 말도, 설사 그 말이 끝없이 계속된다 하더라도, 그러한 방대한 의무를 감당하기에는 부족할 것입니다. 그렇다 할지라도 그를 읽었던 여기 계신 모든 분들은 물론이고 또한 그와 가까이 지냈던 분들, 그의 이웃 분들, 메스닐 생-드니Mesnil Saint-Denis에서 최후까지 모리스 블랑쇼를 정성껏 애정으로 맞이하고 계신 친지 분들께(저는 그 점에 대해 특히 시달리아 페르난데스Cidalia Fernandez께 감사드립니다), 다시 몇 가지 말씀을 드릴 수 있도록 허락해주시기 바랍니다. 저는 이 말씀이 모든 분들께 우리의 감사의 뜻으로 전해지기를 바랍니다. 우리가 지금 동반하고 있는 자는 프랑스와 세계에서 끊임없이 현재적 사건으로 받아들여질 수밖에 없는 작품을 우리에게 남겨주었습니다. 글쓰기 고유의 가능성에 대해 어떠한 보증도 바라지 않고 끊임없이 물음을 던지고 있는 절제된 섬광의 글쓰기를 통해, 그는 문학과 철학의 영역(거기서 그가 참신한 방법으로 이해하고 해석하지 않은 것은 아무것도 없습니다), 정신분석학의 영역, 언어 이론·역사·정치의 영역, 모든 영역에서 족적을 남겼습니다. 지난 세기를 불안하게 만들었던 것들 중 그 어떤 것도, 그의 사유와 텍스트가 가진 높은 장력(張力)을 벗어나지 못했습니다. 그 모든 것들에 그는 단호한 명령에 자신을 내맡기면서 응답하였습니다. 그는 어떠한 기관에도, 대학이라는 기관에도, 문학·출판사·언론의 이름으로— 또는 이름 아래— 기회가 닿으면 **권력**을 차용하는 그룹이나 모임에도 의존하지 않고 그렇게 하였습니다. 우리의 사유 방식, 글쓰기와 행동 방식을 뒤흔들어놓고 변형시킨 그의 작품의 보이지 않는 빛, 저는 그 빛을 '영향' 또는 '제자' 등과 같은 말을 빌려 정의할 수 있다고 믿지 않습니다. 블랑쇼는 학파를 만들지 않았으며, 그는 사실 교육적 언설이나 훈련과 관련해 말해야만 할 것을 말했습니다. 블랑쇼는 우리가 제자들에 대한 영향력이라 부르는 것과 같은 것을 갖고 있지 않았습니다. 문제가 되는 것은 전혀 다른 종류의 것입니다. 그가 우리에게 남겨준 유산에는 보다 내면적이고 보다 치명적인 흔적이 새겨져 있습니다. 그 흔적은 전유(專有)할 수 없는 것입니다. 그는 우리를 홀로되게 내버려두었습니다. 그는 우리에게 바닥이 없는 책임들을 넘겨주면서, 우리를 그 어느 때보다도 더 홀로되게 내버려두고 있습니다. 그 책임들 중 하나는 우리가 맡아야 할 그의 작품, 그의 사유, 그의 서명의 미래에 대한 것입니다. 그 점에 대한 약속은, 저로서는 그에게 이미 그것을 했습니다만, 변하지 않을 것이며, 저는 여기 모인 많은 분들이 그 점에 대해 충실하리라 확신합니다.

　한 해에 한두 번 규칙적으로 저는 그에게 전화를 넣었으며, 에 즈 마을village d'Eze의 우편엽서를 보냈었습니다. 그와 저 모두 의 친구이며, 블랑쇼의 사유가 특히『밝힐 수 없는 공동체』에서 그렇게 자주 돌아가 원용(援用)했던, 여기 제 옆에 가까이 있는 장-뤽 낭시와 함께 2년 천에도 그렇게 했었습니다. 그렇지만, 오래전에 블랑쇼가 머물렀었고 길의 이름으로 남아 있는 니체의 유령과 분명 마주쳤었던 이 오래된 에즈 마을에서 골목길을 헤집 으며 수집상에서 고른 전쟁 전의 오래된 우편엽서를 그에게 보낼 때마다, 또 한 해가 지나면서도, 저는 이렇게 중얼거리며 속으로 거의 불안해하지 않았습니다. 나는 같은 열정으로, 제의적이며 약간은 미신적인 애정 어린 열정으로, 그에게 오랜 동안 또 다른 우편엽서를 보낼 거야. 더 이상 다시는 그러한 전언(傳言)을 우 체국에 맡겨놓지 못하게 되면서, 제가 심장으로, 마음으로, 우리 가 말하는 것처럼 살아 있는 한, 그에게 우편엽서를 부치거나 전 화를 넣기를 계속하리라는 것을 저는 오늘 알게 되었습니다.

인간 블랑쇼에게 표하는 경의[12]

장-뤽 낭시

모리스 블랑쇼에게 경의를 표해야 옳을 것이지만, 그것은 다만 한 작가이자 사상가에게 표하는 경의인 것만은 아니다. 그것은 작가이자 사상가일 수 있었고, 작가와 사상가로서의 실존에 자신을 바쳤으며, 그 이중의 책무를 감당하는 자리에 있었고, 글쓰기의 수행과 사유 작업에 힘을 다했던 사람을 향해 표현된다.

그 사람, 우리는 그가 인간 블랑쇼였다고 말할 수 있을 것이다. 그러나 그 사람은 아마 우리가 자신의 편으로 받아들이기를 원했을지도 모르고, 감추어진 '사적(私的)인' 면과 단수적(單數的)이며 허약하고 위험한 동시에 보잘것없는 그 인간성을 이제 곧 탐색해보게 될, 그러한 인간이 아니었다. 그 사람은 '너무나 인간적인'(또는 초인적인), 그래서 호기심을 충족시켜줄 만한 그러한 인간이 아니었다. 블랑쇼 자신 안의 인간성은 그 자체에 의해 하나의 목적, 하나의 절대, 즉 인간신학적anthro-pothéologique 휴머니즘의 인간성(그가 그러한 인간성을 묘사한 적이 있었을 것이다)을 아마 구성할 수도 있었으리라. 그러나 인간 블랑쇼는 자

---

12 이 글 「인간 블랑쇼에게 표하는 경의Hommage à l'homme Blanchot」는 장-뤽 낭시가 사라진 블랑쇼를 추모하면서 2003년 3월 5일 수요일자 『리베라시옹』에 기고한 것이다 (옮긴이).

신 안의 인간성을 주목으로부터 벗어나게 하였고 거의 예를 찾아 볼 수 없는 신중함 가운데 은거의 삶을 살았다.

그가 그랬었던 것은 자신 위에 사상가의 웅장한 형상을 구축하기 위해서도, 작가의 돋보이는 형세를 구축하기 위해서도 아니었다. 의심할 바 없이 그러한 방향에서 분석을 시도해보는 일이 언제나 가능하고, 적어도 유혹적인 것일 수 있지만, 결론적으로 그러한 관점을 넘어서야만 한다. 그 이유는 그의 끝이 너무나 드러나지 않는 것이어서 집요하게 은거하고 있었던 삶을 하나의 변증법적 절정으로 끌어올릴 수 없기 때문이다.

어떠한 미래의 영광도 그러한 변증법적 급격한 방향 전환을 유도할 수 없을 것이다. 은거 속에서 죽어가면서 블랑쇼는 죽음에서도 은거의 삶을 이어갔다. 그는 은거의 삶을 극적으로 만들지 않은 채 그 헐벗음을 지켜나갔다. 하지만 그는 은거에 따르는 한결같이 단순한 삶에('삶의 노선에'), 메마른 익명의 삶에 아무것도 내어주지 않았다. 그가 자신의 "형상"을 소멸시킨 것에 대해 어떻게라도 그 동기를 설명할 수 있었을 것이고, 상상에 따른 어떤 감정적 반응도 있을 수 있었을 것이다. 그러나 바로 상상에 따르는 것이 문제가 되지 않는다.

블랑쇼가 자신의 죽음 가운데에서 우리를 위해 죽음을 붙잡고 있었고 지금도 팽팽하게 붙잡고 있다는 사실을 생각해보는 것이 문제가 된다. 그에게서 죽음이라는 말은 글쓰기와 사유에 있어서의 무위(無爲)의 작업을 의미한다. 죽는다는 것은 의미를 발생시킬 수 있는 의미 sens signifiable의 한계로 쉼 없이 넘어간다는 것, 그에 따라 유한성을 전유하지 않은 채로 유한성이 그 자체 한계를 끊임없이 넘어가도록 내버려둔다는 것이다. 또한 그가 언젠가 '절규의 휴머니즘l'humanisme du cri'(절규 또는 중얼거림murmure이라고 그는 명확히 했다)이라 불렀던 것을 알아듣기 위해 인간·신학적 휴머니즘과 관계를 끊는다는 것이다. 블랑쇼의 중얼대는 절규를 들어보고자 하는 것이 우리의 몫으로 남는다.

이 작가·사상가는 우리를 구성하고 해체하는 이 절규의 순간적인 표시 바깥에서라면 어떠한 다른 힘도 보유하지 않고 어떠한 다른 중요성도 갖지 않는다. 그러나 우리가, 바로 우리 모두가 우리의 일상적 삶 가운데 절규를 내뱉고, 절규를 중얼대며 내뱉는다. 우리의 일상적 삶은 진부하고, 모든 신적 현현(神的 顯現)Epiphanie으로부터 물러나 있고, 그로부터 벗어나 있다. 그러나 그것은 두 가지 의미에서 우리에게 공유된 것이다. 즉 우리의 일상적 삶은 '의미심장한' 것도 아니지만, 그렇다고 '하찮은' 것도 아니기에 우리에게 공유된 것이다. 각자의 유일한 일상적 삶은, 그리고 모든 일상적 삶은 중얼대는 절규를 변조한다. 그 절규는 삶과 죽음의 절규, 결코 선택받지 못한 삶-죽음의 절규이다. 그것은 모든 선택의 한계이자 모든 가정된 주체의 한계이며 주체를 운 좋게도 벗어나는 것 — 그것을 우리가 욕망이라 부르든, 꿈 또는 사유라 부르든 — 의 시작을 알린다. 이에 대해 오늘 다시 생각할 필요가 있지 않은가? 그것이 바로 블랑쇼가 우리에게 요구하는 것이다. 우리는 적어도 블랑쇼의 죽음이 그가 생각했던 죽음에 부합했다는 사실을 넘어서 일치했다고 인정해야만 한다. 인간 블랑쇼의 죽음과 그의 죽음에 대한 사유는 서로

접목되어 있으며 각각 서로를 위해 고결한 것으로 남아 있다. 결론적으로 말해, 죽음도 삶도 아닌, 의미의 희미한 미세한 섬광, 흰빛.

블랑쇼는 이렇게 썼다. "너는 나를 대신해, 네 스스로를 문제와 허구로 여기기를 받아들일 것인가? 확실한 중심을 가진 원을 닫듯이 네 자신을 닫아둘 수[13] 있었던 때에 비해, 네 자신을 보다 더 필연적인 존재로 여기기를 너는 받아들일 것인가? 따라서 너는 쓰면서 망각의 동의 하에, 너무 이르지만 또한 너무 늦은 다음과 같은 결론을 글쓰기의 비밀로서 아마도 받아들일 것인가? 나의 자리를 대신해, 나의 유일한 동일성을 구성하는 이 임자 없는 자리를 대신해 다른 이들이 써야 한다는 것. 바로 그러한 사실이 죽음을 한순간 즐거운 것으로, 운에 맡길 수 있는 것으로 만든다" (*L'ntretien infini*, p. 458).

13 낭시의 이 텍스트에서는 "네 자신을 〔……〕 뒤집을 수si tu pouvais te retourner"로 적혀 있다. 그러나 블랑쇼의 『무한한 대화』에서 나타난 대로의 원문은 "네 자신을 〔……〕 닫아둘 수si tu pouvais te refermer"이다. 여기서는 블랑쇼의 원문에 따라 번역했다(M. Blanchot, *L'Entretien infini*, p. 458 참조-옮긴이).

172

밝힐 수 없는 공동체 · 마주한 공동체

모리스 블랑쇼 연보[*]

1907 9월 22일. 프랑스 손-에-르와르Saône-et-Loire 지방의 작은 마
      을인 켕Quain에서 출생. 부친이 개인 교습을 하는 교수였던 관
      계로, 파리에서 엘뵈프Elbeuf로, 라 사르트La Sarthe에서 샬롱
      Chalon으로 자주 이사를 할 수밖에 없었다.

1923 바칼로레아(대학입학자격고사)에 합격. 십이지장 수술을 받았지
      만 별 효과가 없었다. 그로 인해 대학 입학이 일 년 늦어짐. 평생
      동안 건강이 매우 좋지 않아 고통받음.

1925 스트라스부르에서의 대학 수업. 전공은 철학과 독문학. 스트라스
      부르 대학에서 에마뉘엘 레비나스를 만남. 변함없는 우정의 시
      작. 그들은 함께 독일 현상학을 공부하고, 프루스트와 발레리를
      같이 읽음.

1930 소르본에서 회의주의자들에 대한 석사 논문이 통과됨.

1931 생트-안느Sainte-Anne에서 의학을 공부하기 시작함. 그러나 대
      학보다는 저널리즘에 관심을 갖게 됨. 프랑수아 모리악François
      Mauriac에 대한 평론을 발표(그로서는 처음으로 발표한 글). 티에
      리 몰니에Thierry Molnier가 이끌고 있는, 악시옹 프랑세즈
      Action Française의 청년 반대파와 특히 가까이 지내면서, 극우
      신문들과 잡지들에 기고함. 소설을 쓰기 시작하나, 여러 번 그 원

---

[*] 『마가진 리테레르』 블랑쇼 특집호(*Magazine littéraire: L'énigme Blanchot*, 424호,
2003년 10월)에 수록된 크리스토프 비덩이 쓴 블랑쇼 연보와『둥근 창』 블랑쇼 특집호
(*L'Œil de bœuf: Maurice Blanchot*, 14/15호, 1998년 5월)에 수록된 블랑쇼 연보, 그
리고 다른 텍스트를 참조해 작성되었음.

고들을 폐기함.

정신 혁명을 위한 반자본주의·반의회주의·반공산주의가 기본
적인 모토들. 동시에 반게르만주의와 반히틀러주의의 입장에 섬.
나치의 수탈을 고발하는 유대인 민족주의자 모임에 가담. 친구
폴 레비가 주관하던 일간지 『성벽 *Le Rempart*』에 유대인들을 강제
수용소에 처음으로 보낸 사건에 항거하는 기사를 씀. 정치에 일
종의 정신성을 가져오기 위해 극우 노선에 섰지만, 블랑쇼가 지
지했던 극우 사상은 이상주의적(정신주의적) 색채가 강했고, 당
시의 나치주의와는 관계가 없었다.

1936 부친의 죽음. 장 드 파브레게즈Jean de Fabrèguez와 티에리 몰니
에가 주관하던 월간지 『콩바 *Combat*』에 기고함.

1937 『반란자 *L'Insurgé*』에 신랄한 정치 기사를 쓰는 동시에 문학 관련
기사를 쓰기 시작함. 그러나 연내에 두 가지 모두를 포기. 극우파
를 위해 정치 기사를 쓰기를 그만둠. 장 폴랑Jean Paulhan과 처
음으로 만남.

1940 『토론 신문 *Journal des débats*』의 편집자로서, 보르도와, 이어서
비시에서 파탄에 이를 정도로 약화된 정부를 지켜봄. 이후로 모
든 논설 위원 직을 그만둠. 국가에서 재정 지원을 받던 문화 단체
인 젊은 프랑스Jeune France에서 '문학Littérature'이라는 연구소
를 이끎. 12월에 조르주 바타유를 만남.

1941 『토론 신문』에 문학 기사를 쓰기 시작함. 가을에 첫번째 작품인
『토마 알 수 없는 자』 출간. 나치를 피해 레비나스의 부인과 딸을
피신시키고, 그녀들에게 보호처를 제공.

1942 소설 『아미나다브』 출간.

1943 디오니스 마스콜로의 요청으로, 『토론 신문』에 실렸던 54개의 텍스
트들을 모아 재수록한 평론집 『헛발』을 출간. 마스콜로와의 교제
이후로 블랑쇼는 정치적 관점에서 점점 더 좌 쪽으로 기울기 시작.

1944 자신이 출생한 집의 담벼락에서 총살형의 위기에 놓였으나, 레지
스탕스의 선제 공격으로, 간발의 차이로 구출됨. 블랑쇼는 이 기
적적인 체험 이후로 덤으로 생존하고 있다는 느낌을 갖게 된다.

50년 후 이 체험을 바탕으로 『나의 죽음의 순간』을 쓰게 됨. "죽음 자체와 다르지 않은 이 감정만이, 보다 정확히 말해, 언제나 진행 중인 나의 죽음의 순간이 가져온 이 가벼움의 감정만이 남아 있을 것이다."(『나의 죽음의 순간』)

1946 『라르쉬 L'Arche』『비평 Critique』『현대 Les Temps modernes』 등의 잡지에 기고하고, 여러 문학상 심사에 참여. 전후의 가장 중요한 비평가로 부각. 드니즈 롤랭 Denise Rollin과의 관계가 시작됨. 파리를 떠나 지중해 지역의 에즈 마을에 정착. 그러나 이후에도 자주 파리에 머무름.

1946~1958 문장이 보다 길어지고 문체가 암시적으로 바뀜. 1953년에는 NNRF지에 매달 기고. 고유의 문학의 공간을 창조함('끝날 수 없는 것 l'interminable' '끊임없는 것 l'incessant' '중성적인 것 le neutre' '바깥 le denors' '본질적 고독 la solitude essentielle'). 1955년 『문학의 공간』 출간. 루이-르네 데 포레에 대해 쓴 텍스트의 도입부에 나오는 '작은 방'에서 여러 소설들을 씀. 『하느님』(1948), 『사형선고』(1948) 출간. 『토마 알 수 없는 자』의 훨씬 간결해진 재판본 완성(1950). 『원하던 순간에』(1951), 『나를 동반하지 않았던 자』(1953), 『최후의 인간』(1957) 출간. 1957년 모친 사망.

1958 파리로 돌아옴. 드골 장군의 '쿠데타'에 반대하면서 잡지 『7월 14일 Le 14 juillet』을 창간한 디오니스 마스콜로에게 편지를 씀. "당신에게 저의 동의를 표명하고 싶습니다. 저는 과거도 현재도 받아들일 수 없습니다." 그 잡지 2호에 「거부 Le Refus」라는 글을 발표(『우정』에 재수록). 로베르 앙텔름과 그의 부인인 모니크 앙텔름과 가까워짐. 유대인인 로베르 앙텔름은 포로수용소에서 당한 고문으로 인해 심한 고통을 겪고 있었다. 그가 포로수용소에서의 경험에 기초해 쓴 『인간류(人間類) L'espèce humaine』(Gallimard 'Tel,' 1957)는 블랑쇼를 포함한 많은 사람들에게 충격을 준다. 이후 블랑쇼는 앙텔름의 이 책에 관한 중요한 글을 발표한다(「파괴될 수 없는 것 L'Indestructible」, 『무한한 대화』에 재수록). 또한 마르그리트 뒤라스, 루이-르네 데 포레, 모리스 나도 Maurice

Nadeau, 엘리오 비토리니Elio Vittorini, 지네타 비토리니Ginetta Vittorini와 가까워짐.

1960 알제리에서의 불복종 운동을 지지하기 위한 121인의 선언. 블랑쇼는 마스콜로·쉬스테르와 함께 그 선언의 주요 기안자였음. 마스콜로·비토리니와 함께 『국제 잡지』를 창간할 계획을 세움. 뷔토르Butor, 데 포레, 뒤라스, 레리스Leiris, 나도, 칼비노Calvino, 파졸리니Pasolini, 바흐만Bachmann, 그라스Grass 등이 회합에 참석. 샤르, 주네Genet와 같은 다른 이들은 원고를 넘김. 4년 후 그 계획이 무산되어 실의에 빠짐.

1961 단상 형식으로 씌어진 첫번째 작품 『기다림 망각』 출간. 조르주 바타유 사망. 사라진 친구에게 바치는 「우정」이라는 글을 발표 (『우정』에 재수록). "우리가 한 모든 말들은 단 하나를 긍정하는 데에로 나아간다. 즉 모든 것이 지워져야 한다는 것. 우리 안에 있으면서 모든 기억을 거부하는 어떤 것이 이미 따라가고 있는 이 움직임에. 지워져가는 이 움직임에 주목함으로써만 우리가 충실한 자로 남아 있을 수 있다는 것."(『우정』)

1964 자크 데리다에게 처음으로 편지를 씀. 계속 이어진 편지 교환의 시작.

1966 잡지 『비평』이 그에 대한 최초의 특집호를 발간. 샤르, 콜랭, 드만de Man, 푸코, 라포르트, 레비나스, 페페르Pfeiffer, 풀레 Poulet, 스타로뱅스키Starobinski의 텍스트들이 실림. 푸코의 「바깥의 사유La Pensée du dehors」가 특히 반향을 불러일으킴. 엘리오 비토리니의 죽음. '베트남 민중 지지 위원회'의 설립에 기여.

1968 68 혁명. 거리 시위에 참가하고, 전단지를 만들고, 학생-작가 행동위원회의 회합을 주재함. 익명으로 잡지 『위원회Comité』의 창간호이자 마지막 호에 반 이상의 기사를 씀. 그것은 이후에 잡지 『선』 33호(Lignes: avec Dionys Mascolo, du Manifestes des 102 à Mai 68, 33호, 1998년 3월)에 마스콜로의 글들과 함께 재수록됨.

1969 후기 사상을 가장 정확하게 보여주는 주저이자 가장 철학적인 텍스트인 『무한한 대화』 출간. 이 책에는 타자에 대한 고유의 사유

가 집약적으로 드러나 있으며, 레비나스, 니체, 바타유, 사무엘 베케트Samuel Beckett, 독일 낭만주의, 사드, 프로이트, 헤라클레이토스, 알베르 카뮈Albert Camus, 랭보Rimbaud, 앙토넹 아르토Antonin Artaud 등에 대한 논의가 담겨 있음.

1970 여러 이유로 건강 상태가 심각해짐.

1972 파울 첼란Paul Celan에 대한 글을 씀. 그것은 나중에 단행본으로 출간됨(『최후에 말해야 할 자』).

1973 단상 형식으로 쓴 두번째 작품 『저 너머로의 발걸음』 출간.

1978 1월 형 르네René와 드니즈 롤랭이 연이어 사망.

1980 단상 형식의 세번째 작품 『카오스의 글쓰기』 출간. 홀로코스트에 대한 반성에서 나온 극적인 철학적 성찰. 이 책에도 블랑쇼의 후기 사상이 잘 나타나 있음.

1983 장-뤽 낭시의 논문 「무위의 공동체」에 대한 화답으로 쓴 『밝힐 수 없는 공동체』를 출간. 낭시의 그 논문 역시 나중에 자신의 다른 글들을 모아 단행본으로 출간됨. 드물게 글을 쓰게 됨. 소책자들, 재판본들, 서문들, 질문들에 대한 응답들, 공개서한들, 정치적 개입들.

1986 『내가 상상하는 대로의 미셸 푸코』 출간.

1990 로베르 앙텔름 사망.

1995 에마뉘엘 레비나스 사망.

1996 『의문 속의 지식인들』 출간. 자신과 동료들에 대한 드러내놓고 언급한 적이 거의 없었던 블랑쇼가 이 책에서는 자신의 시대와 그 인간들에 대해 상당히 직접적인 견해를 내놓고 있다. 마르그리트 뒤라스 사망.

1997 디오니스 마스콜로와 형 르네의 죽음 이후로 함께 살아왔던 형수 볼프Wolf 사망.

2003 블랑쇼, 2월 20일 사망. 4일 후 장례식에서 자크 데리다는 추도문 「영원한 증인」을 낭독함.

2004 파리 퐁피두센터는 1월부터 6월까지 블랑쇼를 추모하기 위한 회합을 주재.

1940 7월 26일, 프랑스 보르도 근처의 코데랑Caudéran에서 출생. 베
르제락Bergerac의 가톨릭적 환경에서 처음으로 철학에 관심을
갖게 됨.

1962 파리 대학에서 철학 학사 학위 취득. 마르크스 · 칸트 · 니체와 앙
드레 브르통에게 관심을 갖고 글을 쓰기 시작. 이때부터 고전적
사상가들을 연구해서 독창적 사유를 전개하는 작업 형태의 틀이
형성되기 시작.

1968 교수자격시험에 합격하고 콜마르Colmar에서 가르친 후, 스트라
스부르 대학에서 조교로 재직. 지금까지 스트라스부르에 거주.

1972 첫 저서인『문자의 지위』발간(라쿠-라바르트와의 공저). 자크 라
캉에 대한 비판적 고찰. 스트라스부르 대학에서 계속 동료로 남
을 라쿠-라바르트와 개인적 · 사상적으로 친밀한 관계를 유지하
며 이후 여러 번 공동 저서를 펴냄.

1973 폴 리쾨르Paul Ricœur의 지도 하에 칸트에 대한 논문으로 박사 학
위 취득. 곧이어, 이후에 계속 교수 생활을 하게 될 스트라스부르
인문대학(마르크 블로흐Marc Bloch 대학)에서 전임강사로 재직.

1978 『문학적 절대』출간(라쿠-라바르트와 공동 편역). 초기 독일 낭만
주의자들의 동인지『아테네움』에 실린 글들을 번역하고 상세한 주
석을 덧붙임. 이 편역서로 학계에 알려지게 됨. 그러나 초기 낭만
주의에 대한 엄밀한 번역서이자 해설서인 이 책을 출간한 배경에
는 탈근대 사상의 기원과 흐름에 대한 정확한 인식이 있었음. 라
쿠-라바르트와 낭시에게서, 초기 독일 낭만주의가 정초한 미적

근대성을 분석·비판하고 교정하는 작업이 이후로 대단히 중요
하게 된다.

1982 『목소리의 나눔』 출간. 이 책에서 독일 해석학(가다머·하이데거)
에 비판적 거리를 유지하며 해석과 해석의 조건들에 대해 다시 살
펴봄.

1986 『무위의 공동체』 출간. 큰 반향을 불러일으킴. 이후로 "공동체"라
는 주제가 관심을 모으게 되면서, 다른 사상가들(아감벤·랑시에
르·라클라우·무페 등)도 그 주제를 다루기 시작.

1987 툴루즈에서 국가박사학위 취득. 지도 교수는 제라르 그라넬
Gérard Granel, 자크 데리다와 장-프랑수아 리오타르Jean-
François Lyotard가 심사위원. 논문의 주제는 칸트·셸링·하이
데거에게서의 자유의 개념. 낭시의 국가박사학위 논문은 1988년
『자유의 경험』으로 출간됨. 그러나 국가박사학위를 취득하기 전
에 낭시는 베를린 자유대학과 버클리 대학에서 초빙 교수로 재직.
그에 따라 저작들의 출간이 활발해지면서 국제적으로 명성을 얻
기 시작. 그의 저서들이 여러 나라의 언어들로 번역되기 시작.
80년대 말 과도한 신체 이상 증세(심장 이상 수축)로 고통받다가 캘
리포니아에서 심장 이식 수술을 받게 됨. "한 사람의 심장을 다른
한 사람의 심장 한가운데에로. 한 남자의 심장인가, 한 여자의 심
장인가? 낭시는 이후 자기 안에서 계속 살아가게 될 그 심장에 대
해 아무것도 모른다."(자크 데리다, 『접촉, 장-뤽 낭시』) 설상가상
으로 여러 과도한 치료 요법으로 인해 낭시는 암까지 얻게 된다.
그에 따라 90년대 초부터 강의를 비롯해 공적인 활동을 거의 그
만둠. 그러나 사회철학·정치철학의 주제들과 관련해 계속 활발
한 저작 활동을 함.

1991 정치적으로 가까웠던 참여 지식인 장-크리스토프 벨리와 함께 정
치평론적 성격을 띤 『공동의 나타남』 출간. 낭시의 마르크스와
공산주의에 대한 재고찰. 『무위의 공동체』에 나타났던 논의들을
보다 구체적으로 발전시킴. 라쿠-라바르트와의 또 다른 공저 『나
치 신화』 출간.

1993 『세계의 의미』 출간.

1996 『복수적 단수의 존재』 출간.

2000 투병 생활을 바탕으로 쓴 『침입자』 출간. 데리다의 낭시에 대한 연구서 『접촉, 장-뤽 낭시』(아리스토텔레스로부터 낭시까지 이어져 오는 영혼론에 대한 방대한 고찰) 출간. 낭시는 여러 작가들(설치 작가 수잔나 프리처Susanna Fritscher, 이란 영화감독 압바스 키아로스타미Abbas Kiarostami, 화가 시몽 앙타이Simon Hantaï, 안무가 마틸드 모니에Mathilde Monnier 등)과 교류하고 공동 저서를 냄.

2001 『무위의 공동체』에 이어지는 또 다른 바타유에 대한 성찰 『은밀한 사유』 출간. 블랑쇼의 『밝힐 수 없는 공동체』에 대한 응답인 『마주한 공동체』 출간.

2002 프랑스 영화감독 클레르 드니의 단편영화 「낭시를 향하여」에 출연함. 이 단편에서 낭시는 외국인 제자 한 명과 이주자 문제에 대해 대화를 나눈다. 이 단편은 옴니버스 영화인 「텐 미니츠 첼로」의 한 부분.

2004 클레르 드니의 영화 「침입자」 완성. 낭시의 투병 생활의 경험에서 소재를 얻고 낭시의 『침입자』를 바탕으로 드니가 재구성한 영화.

Thomas l'obscur, Gallimard, 1941 초판. 『토마 알 수 없는 자』

Comment la littérature est-elle possible?, José Corti, 1942. 『어떻게 문학이 가능한가?』

Aminadab, Gallimard, 1942. 『아미나다브』

Faux Pas, Gallimard, 1943. 『헛발』

Le Très-Haut, Gallimard, 1948. 『하느님』

L'Arrêt de mort, Gallimard, 1948. 『사형선고』

La Part du feu, Gallimard, 1949. 『불의 몫』

Lautréamont et Sade, Minuit, 1949, 1963 재판. 『로트레아몽과 사드』

Thomas l'obscur, Gallimard, 1950 개정판. 『토마 알 수 없는 자』

Au moment voulu, Gallimard, 1951. 『원하던 순간에』

Ressassement éternel, Minuit, 1951. 『영원한 되풀이』

Celui qui ne m'accompagnait pas, Gallimard, 1953. 『나를 동반하지 않았던 자』

L'Espace littéraire, Gallimard, 1955. 『문학의 공간』, 박혜영 옮김, 책세상, 1990 초판.

Le Dernier homme, Gallimard, 1957. 『최후의 인간』

La Bête de Lascaux, G.L.M., 1958(재판, Fata Morgana, 1982). 『라스코의 짐승』

Le Livre à venir, Gallimard, 1959. 『미래의 책』, 최윤정 옮김, 세계사, 1993.

L'Attente l'oubli, Gallimard, 1962. 『기다림 망각』

L'Entretien infini, Gallimard, 1969.『무한한 대화』

L'Amitié, Gallimard, 1971.『우정』

La Folie du jour, Fata Morgana, 1973.『낮의 광기』

Le Pas au-delà, Gallimard, 1973.『저 너머로의 발걸음』

L'Écriture du désastre, Gallimard, 1980.『카오스의 글쓰기』

De Kafka à Kafka, Gallimard, 1981.『카프카에서 카프카까지』

Après coup, Minuit, 1983(*Ressassement éternel* 재수록).『사후(事後)에』

Le Nom de Berlin, Merve, 1983.『베를린이라는 이름』

La Communauté inavouable, Minuit, 1983.『밝힐 수 없는 공동체』

Le Dernier à parler, Fata Morgana, 1984.『최후에 말해야 할 자』

Michel Foucault tel que je l'imagine, Fata Morgana, 1986.『내가 상상하
　는 대로의 미셸 푸코』

Sade et Restif de la Bretonne, Complexe, 1986.『사드와 레티프 드 라 브
　르톤』

Sur Lautréamont, Complexe, 1987(줄리앙 그락Julien Gracq과 르 클레지
　오Le Clézio의 텍스트 포함).『로트레아몽에 대하여』

Joë Bousquet, Fata Morgana, 1987(조에 부스케의 블랑쇼에 대한 텍스트
　포함).『조에 부스케』

Une voix venue a'ailleurs: sur les poèmes de Louis René des Forêts, Ulysse
　Fin de Siècle, 1992.『다른 곳으로부터 온 어떤 목소리』

L'Instant de ma mort, Fata Morgana, 1994.『나의 죽음의 순간』

Les Intellectuels en question, Fourbis, 1996.『의문에 부쳐진 지식인들』

Pour l'amitié, Fourbis, 1996.『우정을 위하여』

Henri Michaux ou le refus de l'enfermement, Farrango, 1999.『앙리 미
　쇼 또는 갇히기를 거부하기』

Écrits politiques 1958-1993, Éditions Lignes & Manifestes, 2003.『정치
　적인 글들』

장-뤽 낭시 저서 목록

Le Titre de la lettre, Galilée, 1972(필립 라쿠-라바르트와 공저). 『문자의
　지위』

La Remarque spéculative, Galilée, 1973. 『사변적 고찰』

Le Discours de la syncope, Flammarion, 1976. 『절분법 서설』

L'Absolu littéraire, Seuil, 1978(라쿠-라바르트와 공편역). 『문학적 절대』

Ego sum, Flammarion, 1979. 『에고 숨』

Le Partage des voix, Galilée, 1982. 『목소리의 나눔』

L'Impératif catégorique, Flammarion, 1983. 『정언명령』

L'Oubli de la philosophie, Galilée, 1986. 『철학의 망각』

La Communauté désœuvrée, Christian Bourgois, 1986. 『무위의 공동체』

Des Lieux divins, TER, 1987. 『신성한 장소들』

L'Expérience de la liberté, Galilée, 1988. 『자유의 경험』

Une Pensée finie, Galilée, 1990. 『유한한 사유』

La Comparution, Christian Bourgois, 1991(장-크리스토프 벨리와 공저).
　『공동의 나타남』

Le Mythe Nazi, L'Aube, 1991(라쿠-라바르트와 공저). 『나치 신화』

Le poids d'une pensée, Le Griffon d'agile/Presses Universitaires de
　Grenoble, 1991. 『사유의 무게』

Corpus, Anne-Marie Métailié, 1992. 『몸』

Le Sens du monde, Galilée, 1993, 2001. 『세계의 의미』

Les Muses, Galilée, 1994, 2001. 『뮤즈들』

Être singulier pluriel, Galilée, 1996. 『복수적 단수의 존재』

Résistance de la poésie, William Blake & Co, 1997. 『시의 저항』

Hegel, l'inquiétude de la négative, Hachette, 1997. 『헤겔, 부정의 불안』

La Ville au loin, Mille et Une Nuits, 1999. 『멀리 있는 도시』

Le Regard du portrait, Galilée, 2000. 『초상화의 시선』

L'Intrus, Galilée, 2000. 『침입자』

Mmmmmmm, Au Figuré, 2000(수잔나 프리처와 공저).

Dehors la danse, Rroz, 2001(마틸드 모니에와 공저). 『바깥에서의 춤』

"Un Jour, les dieux se retirent...," William Blake & Co, 2001. 『"언젠가 신들이 물러날 것이다……"』

L'Évidence du film, Yves Gevaert Éditeur, 2001(압바스 키아로스타미와 공저). 『영화의 명증성』

La Pensée dérobée, Galilée, 2001. 『은밀한 사유』

La Connaissance des textes, Galilée, 2001(시몽 앙타이, 데리다와 공저). 『텍스트들에 대한 인식』

L'"Il y a" du rapport sexuel, Galilée, 2001. 『성 관계는 "있다"』

La Communauté affrontée, Galilée, 2001. 『마주한 공동체』

La Création du monde — ou la mondialisation, Galilée, 2002. 『세계의 창조— 또는 세계화』

Au fond des images, Galilée, 2003. 『이미지 속 깊은 곳에서』

Chroniques philosophiques, Galilée, 2004. 『철학적 시평』

Au Ciel et sur la terre: parler de dieu avec les enfants, Bayard Centurion, 2004. 『하늘 아래 땅 위에서: 아이들과 함께 신에 대해 말하기』

Déconstruction du christianisme 1, Galilée, 2005. 『기독교의 해체 1』